24.50

OF

JAKOB ESCHENMOSER

Aargauer Skizzen II
NEUE FOLGE

ORELL FÜSSLI VERLAG ZÜRICH

Umschlagzeichnungen:
Titelseite: Rathausgasse in Lenzburg
Rückseite: Scheunentor in Windisch

© Orell Füssli Verlag Zürich 1978
Gesamtherstellung: Orell Füssli Graphische Betriebe A.G. Zürich
Printed in Switzerland
ISBN 3 280 00996 0

Das Schöne steht in vielfältiger Gestalt
an allen Wegen. Du mußt es nicht suchen;
mit sehendem Auge und offenem Sinn
wirst du es überall erkennen.

Bildstöckli in Muri

STREIFZÜGE DURCH DEN AARGAU

Aus Anlass der kürzlichen Herausgabe des „Atlas der Schweiz" schrieb Eduard Imhof: „Ausser der Schweiz gibt es kaum ein Land ähnlich kleinen Flächenmasses mit dichterem, vielgestaltigerem, natürlichen und kulturellen Gefüge". Mit einigen Abstrichen könnte man dies auch vom Aargau sagen. Ihn in seiner Reichhaltigkeit schauend zu erleben ist nicht nur für einen Aargauer, sondern auch für einen Aussenstehenden, etwa einen Ostschweizer, wie dies für den Verfasser zutrifft, geradezu spannend.

In einer ersten Folge von Skizzen habe ich versucht, ein Bild zu gewinnen über einen Kanton, der für mich auf weite Strecken Neuland war. Es konnte niemals erschöpfend sein, und so habe ich denn die Gelegenheit zu einer zweiten Kampagne gerne genützt.

Die Streifzüge führten wiederum durch den ganzen Kanton; sie konnten auch diesmal nicht lückenlos sein, umso weniger, als nicht die Absicht bestand, eine thematische Dokumentation zu schaffen. Die Wahl der Orte und der Sujets blieb allein dem Auge überlassen, und so waren denn viel objektive und subjektive Zufälligkeiten mit im Spiel. Auch die Gebietseinteilungen dürfen nicht allzu wörtlich genommen werden.

Die Darstellungen befassen sich, unbelastet durch geschichtliche Hintergründe, ausschliesslich mit dem Heutigen, Sichtbaren, also vorwiegend mit dem baulichen Kulturgut und der Landschaft. Das Interesse galt dabei nicht vordergründig dem Repräsentativen, sondern mehr dem Typischen und Herkömmlichen, weniger dem Einzelobjekt als den Zusammenhängen.

Es gab viel Neues zu sehen, auch Bekanntem wieder zu begegnen, wobei Etliches, das seinerzeit wegen nicht erfüllter, zu hoch geschraubter Erwartungen beiseite gelassen wurde, auf einmal wertvoll schien.

Die Darstellung des Geschenen will aber nicht nur Bilderbuch sein. Sie will vor allem anregen zu eigenem Schauen und Nachdenken. Nachdenken über den weit ererbten baulichen Kulturgütes, seinen Stellenwert in der heutigen Umwelt und über deren Wandlungen.

Unvermeidlich, und mehr als uns lieb ist, kommen uns allenthalben auch Unschönes und Fehlentwicklungen vor Augen. So dankbar es wäre, nur beim Schönen, Wohlgefälligen zu verbleiben, so wenig zutreffend wäre dieses einseitige Bild. Wenn deshalb in der Folge da und dort, weniger im Bild als in Worten Kritik eingeflochten ist, gilt diese nicht so sehr dem Einzelfall, sondern mehr dem Symptom für landesweite Erscheinungen und Probleme.

An der Gestaltung der Umwelt, unseres Lebensraumes und Bildes der Heimat sind wir alle irgendwie beteiligt und mitverantwortlich.

IM AARE- UND LIMMATTAL

Die durch das Mittelland führende, bedeutendste West-Ost-Axe gehört zweifellos auch in unserem Abschnitt zu den meistbefahrenen und demzufolge zu den weitestbekannten Regionen des Landes. Dem Durchreisenden vermittelt sie das Bild starker Besiedelung und Industrialisierung. Wenn er diesen Eindruck in die richtigen Proportionen setzen will, wird er aber auch feststellen, dass die Landschaft gefasst und begleitet wird durch intakte, natürliche Horizonte. Selbst das bedeutendste und dichteste Industrieensemble in Baden ist eingebettet in eine Geländekammer. Dem aufmerksamen Beobachter wird auch die freie Landschaft in der Gegend von Schinznach-Bad und der erstaunlich grosse Sürel-Wald auf der Ebene östlich Aaraus nicht entgehen.

Trotz diesen „mildernden Umständen" ist zu hoffen, dass die Siedlungskonzentration nicht in dem Masse wie in den letzten Jahrzehnten weiterschreite, etwa im Sinne einer Mittelland-Bandstadt.
Das aus dieser Region gewonnene Bild darf nicht auf die übrigen Kantonsteile übertragen werden, wenn auch einzelne Gegenden durch ganz ähnliche Erscheinungen geprägt sind.
Die um sich greifende Verstädterung mag andererseits den Anlass geben, den noch sichtbaren Ursprüngen und Zellen der Siedlungen nachzugehen. Es gibt sie in weit reicherem Masse als der eilig Durchreisende dem äusseren Anschein nach vermuten könnte, und sie reichen auch – denken wir etwa an Vindonissa – recht weit zurück.

Aarau

Das Repräsentative der Hauptstadt, wenn man nicht auch die Hochhäuser in der „Telli" und in der „Vorstadt" als Wahrzeichen nehmen will, nämlich die Altstadt mit Türmen und Toren, den Hauptgassen, in welche prachtvolle Rundengiebel mit fast atemraubender Wucht hineinragen, die bastionsartige Stadtkrone auf der Westseite, alle diese Merkmale sind bekannt.

Alte Städte mit ihren geschlossenen Mauerringen lassen kaum je Ausblicke in die Ferne zu; umso überraschender findet sich in Aarau eine Ausnahme. Beim nördlichen Kirchenvorplatz öffnet sich nämlich unvermittelt ein wundervoller Ausblick zu den blauen Jurahöhen hinüber, und hinauf zu einem grossen Himmel. Tritt man nahe an die Brüstungsmauer hart am Rande der Bastion heran, tut sich als weitere Überraschung ein Blick auf die pittoreske Dachlandschaft der Unteren Halde auf.

Ebenfalls ganz in der Nähe der Stadtkirche findet sich die Milchgasse. In auffälligem Gegensatz zu den reich gestalteten Hauptgassen wirkt sie in ihrer puritanischen, muralen Schlichtheit fast wie ein Bild aus einer südlichen Stadt.

Aarau. Durchblick beim Kirchenvorplatz

Aarau 78

Aarau. Die Milchgasse

Aarau

Aarau. Die nordwestliche Stadtkrone

Aarau

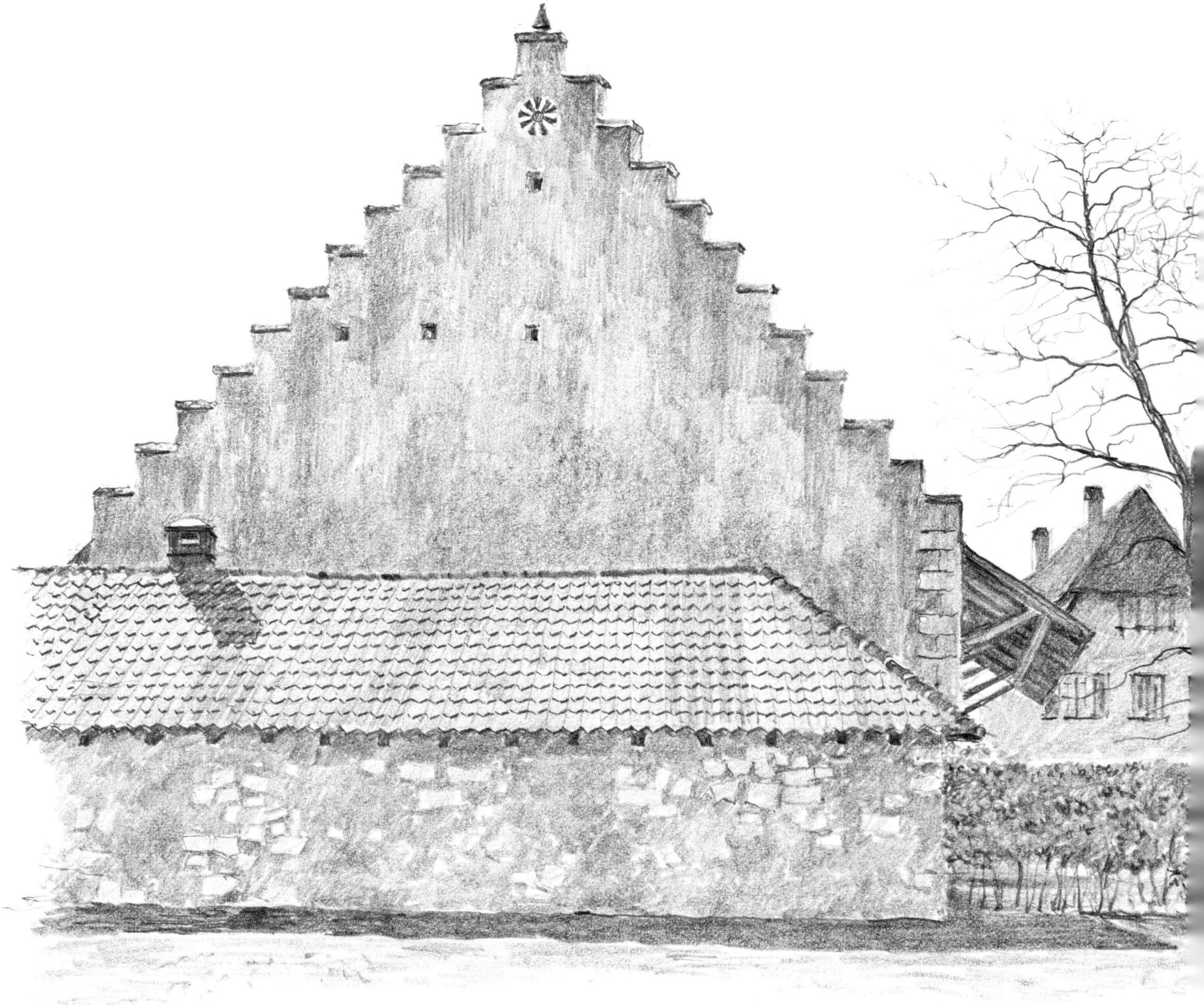

Sühr

Giebel der zum ehemaligen Salzhof (rechts außen im Bild) gehörenden Scheune. Altes Gemäuer und Patina. Patina die nicht durch Menschenhand, sondern allein durch Zeit und Atmosphäre gebildet werden kann. Sie sollte nie grundlos, etwa des vermeintlich „gepflegten" Aussehens wegen übertüncht werden; sie ist auf Generationen hinaus unersetzlich.

29.3.78

Suhr. Alte Wynabrücke, erbaut 1770. Der pausenlose Verkehr rollt achtlos über ein ehrwürdiges Kunstwerk hinweg.

Suhr. Landgasthof mit zugehörigem, erhalten gebliebenem Ökonomietrakt.

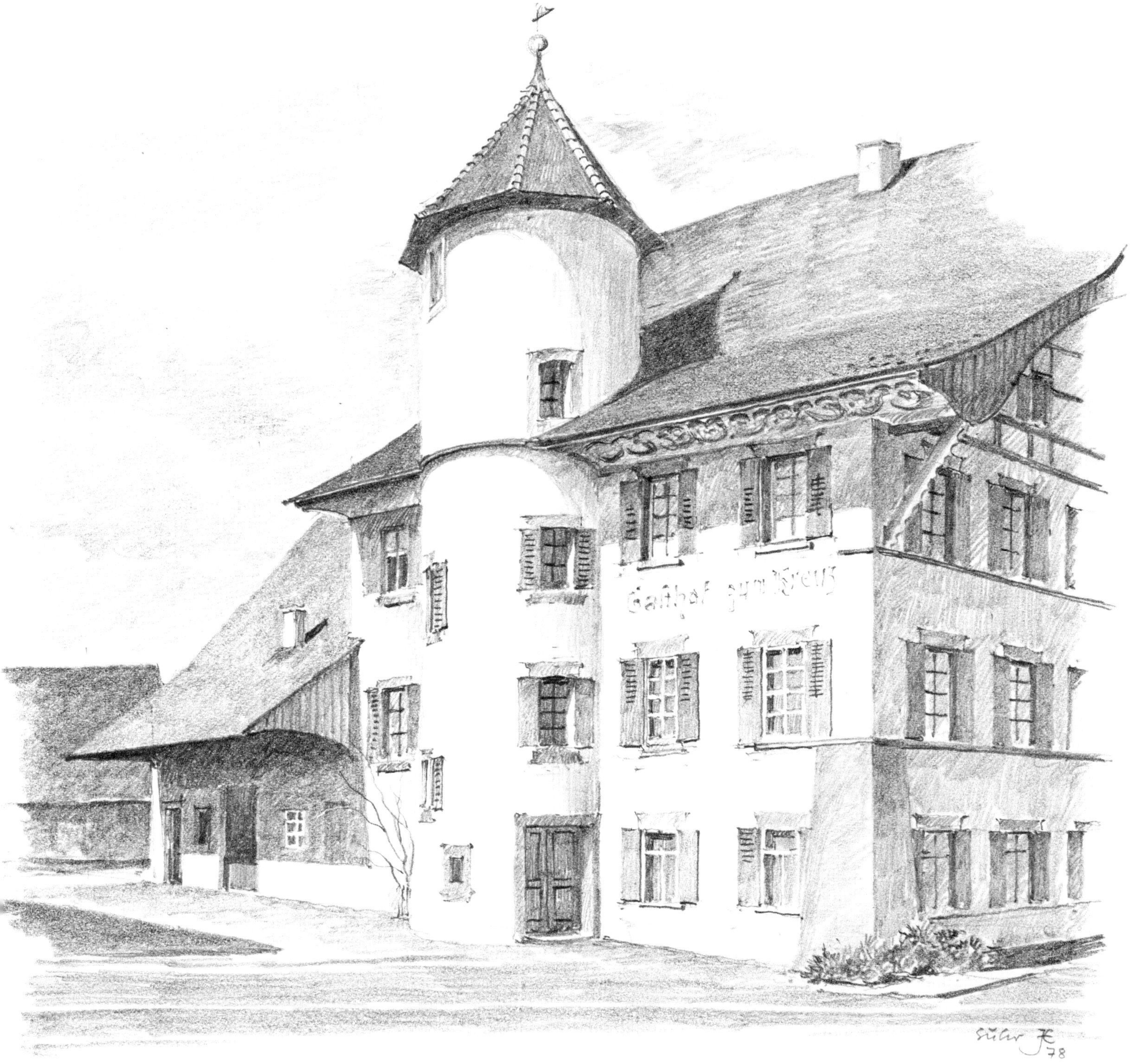
Gasthof zum Kreuz

Rupperswil

Ein Kieswerk, wie es sie allenthalben im Lande gibt. Viele von ihnen üben eine eigenartige Faszination aus. Die völlige Unbekümmertheit um Architektur und Aesthetik führt zu einem zufälligen Formenspiel, das in seiner Vielfalt kaum zu überbieten ist. Alle Elemente sind rein durch Zweckmäßigkeit und Funktion geprägt, und da sie zudem nicht auf „ewig" sondern nur „auf Zeit" ausgerichtet sind, wird mit den einfachsten Mitteln gebaut. Die Provisorien die dabei entstehen, sind in ausgeprägtem Maße das, was wir unter Industrieromantik verstehen.

    Das Kieswerk möchte zwar weniger als „Industrie" vorgestellt werden, vielmehr als symptomatischer Ausdruck für die reichen Bodenschätze im Kanton. Hier wie an vielen anderen Orten ist ja sogar das ordinäre Kies im Betonzeitalter zum „Schatz" geworden. In anderen Gegenden, wie etwa Rekingen, Holderbank und Wildegg, sind es Kalkmergel und Ton. Die dortigen grossen Verarbeitungsanlagen lassen erheblich den Eindruck von einem Industriekanton aufkommen. Diskreter geben sich die Abbaustellen von wertvollem Gestein, wie in Mägenwil, Othmarsingen und anderswo. Eine kleine Sehenswürdigkeit ist der galerieartige, ehemalige Sandsteinbruch in Staffelbach. Damit ist erst nur Sichtbares angedeutet, nicht auch Verborgenes, wie Eisenerz, Salz und Thermalquellen....

Rupperswil 72

Königsfelden. Ehemalige Hofmeisterei des Klosters

Windisch/Königsfelden
78

Gebenstorferhorn

Der bewaldete Höhenzug südlich von Turgi lässt nicht ahnen, welch prächtigen Ausblick auf die grossartige Stromlandschaft beim Zusammenfluss von Reuss, Aare und Limmat er freihält. Die Reuss – in der Zeichnung nicht erkennbar – schliesst unmittelbar am Bildrand links an.

Aare und Limmat vom Gebenstorferhorn

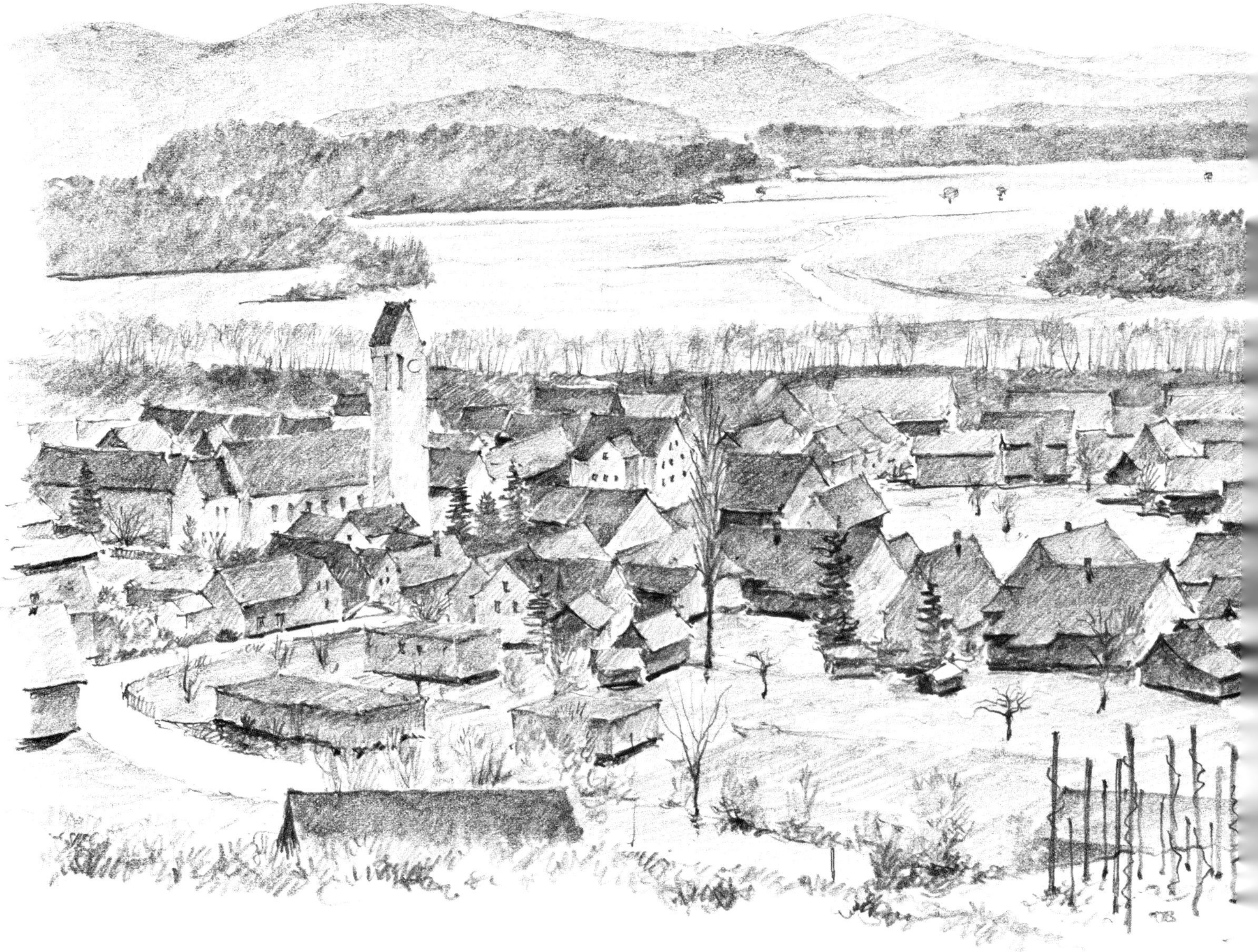

Birmenstorf
Blick aus dem Rebberg über das Dorf in Richtung des weiten Birrfeldes. Unterhalb der Baumkulisse ennet dem Dorf die tiefeingeschnittene Reuss. Im Hintergrund rechts das Schloss Brunegg.

Oberrohrdorf

Es ist nicht immer das Repräsentative, das zur Darstellung lockt, wie in diesem Ort etwa die Gasse mit Kirche, Gasthof und Riegelhaus. Mir hat jedenfalls die Rückseite derselben Gasse mehr zugesagt, und ich frage mich, ob sie wohl je von einem Dorfbewohner bewußt beachtet worden sei. Ganz unprätentiös, rein zufällig; und trotz aller baulichen Willkür hat sie menschliches Maß, Intimität und Wohnlichkeit samt einem Schuss Tradition bewahrt.

Viel eigenständige Substanz ist im Dorf sonst nicht übrig geblieben. Neubauten im Allerweltsstil sind bis in den Kern eingedrungen. Aber man scheint doch zur Einsicht gekommen zu sein, dass eine gesichtslose Verstädterung nicht das Richtige sei; jedenfalls entsteht neuerdings im Zentrum ein Neubau mit traditionell stattlichem Kubus und steilem Dach. Besser spät als nie.

Oberrohrdorf 78

Wettingen - Neuenhof

Der Limmatraum unterhalb des Elektrizitätswerkes regt zu einigen Betrachtungen an. Schon die Topographie und der Verlauf des hier tief eingeschnittenen, nach einer S-Schlinge sich dem Lägerndurchbruch in Baden zuwendenden Flusses ist interessant. Dazu finden sich auf relativ kleinem Raum innerhalb der beiden Flusswindungen drei völlig verschiedene, baugeschichtliche Schwerpunkte, nämlich die Klosteranlage Wettingen, ein alter Industriekomplex und eine Wohnüberbauung aus unserer Zeit.

Auf der südöstlichen Landzunge hat sich im 13. Jahrh. das Zisterzienserkloster angesiedelt. Dort muss, mit dem Blick auf die waldigen Hänge des Heitersberges, eine wundersame Stille gewesen sein. Heute ist die Halbinsel allseits umbraust von ruhelosem Verkehr. Dies mag mit ein Grund sein, dass das ehemalige Kloster (heute Seminar) weniger einladend wirkt als andere derartige Stätten, wie etwa das Kloster Fahr. Auch der die Anlage nordöstlich begrenzende, langgezogene Trakt, der so gar nicht an klösterliche Bauart, sondern eher an die Kasernenstallungen in Zürich erinnert, hat einen eher abweisenden Effekt. Wer sich aber trotzdem zu einem Besuch entschliesst, wird reich belohnt sein mit dem Erlebnis wundervoller Architektur und Kunst.

Am südwestlichen Fuss der Kloster-Halbinsel hat sich, vermutlich um die Jahrhundertwende, Industrie angesiedelt; wohl eine indirekte Folge der Kloster-Aufhebung, und eine direkte Folge der hier reichlich vorhandenen Wasserkraft. Sie sind nicht zimperlich gewesen, die damaligen Fabrikgründer, und schon gar nicht belastet durch Rücksichtnahme auf das Landschaftsbild. Dennoch sind wir heute ihren Bauten und Anlagen gegenüber irgendwie versöhnlich gestimmt. Woran dies liegt, mag

Wettingen 1978

hier dahingestellt bleiben; jedenfalls ist es nicht allein das viele Grün das sie umgibt. Nicht umsonst sind wir geneigt, manche Zeugen der frühen Industrie heute unter Denkmalschutz zu stellen.

Den dritten Akzent in dieser Betrachtung bildet die Wohnsiedlung innerhalb der westlichen Flusswindung. Sie nennt sich Wohninsel und besteht aus zwei Hochhäusern, deren untere Hälfte die Tiefe der Talsenke einnimmt, während die obere den Rand des Wettinger Plateaus überragt. Die Erbauer haben sich alle erdenkliche Mühe gegeben, die Bauten durch Aufgliederung, Staffelung, Variationen in Details und Farbgebung

Wettingen. Alte Fabrikanlage unterhalb des Klosters

nicht als Klötze erscheinen zu lassen. So weit, so gut, aber es trifft nichts; die Volumen sind trotzdem da und nehmen optisch den ganzen Landschaftsraum der Talmulde in Beschlag.

Hat man übrigens bei dieser, doch relativ weit von den nächsten Siedlungen abgelegenen „Insel" an die dem Kinderspielplatz entwachsenen Jugendlichen gedacht? Sollen sie verbotenerweise in der Limmat fischen? Oder auf die Bäume klettern? Kaum. Sie werden, so ist zu vermuten, auf der Suche nach ihresgleichen die Töfflihorden vermehren.

Wettingen - Neuenhof. Die „Wohninsel"

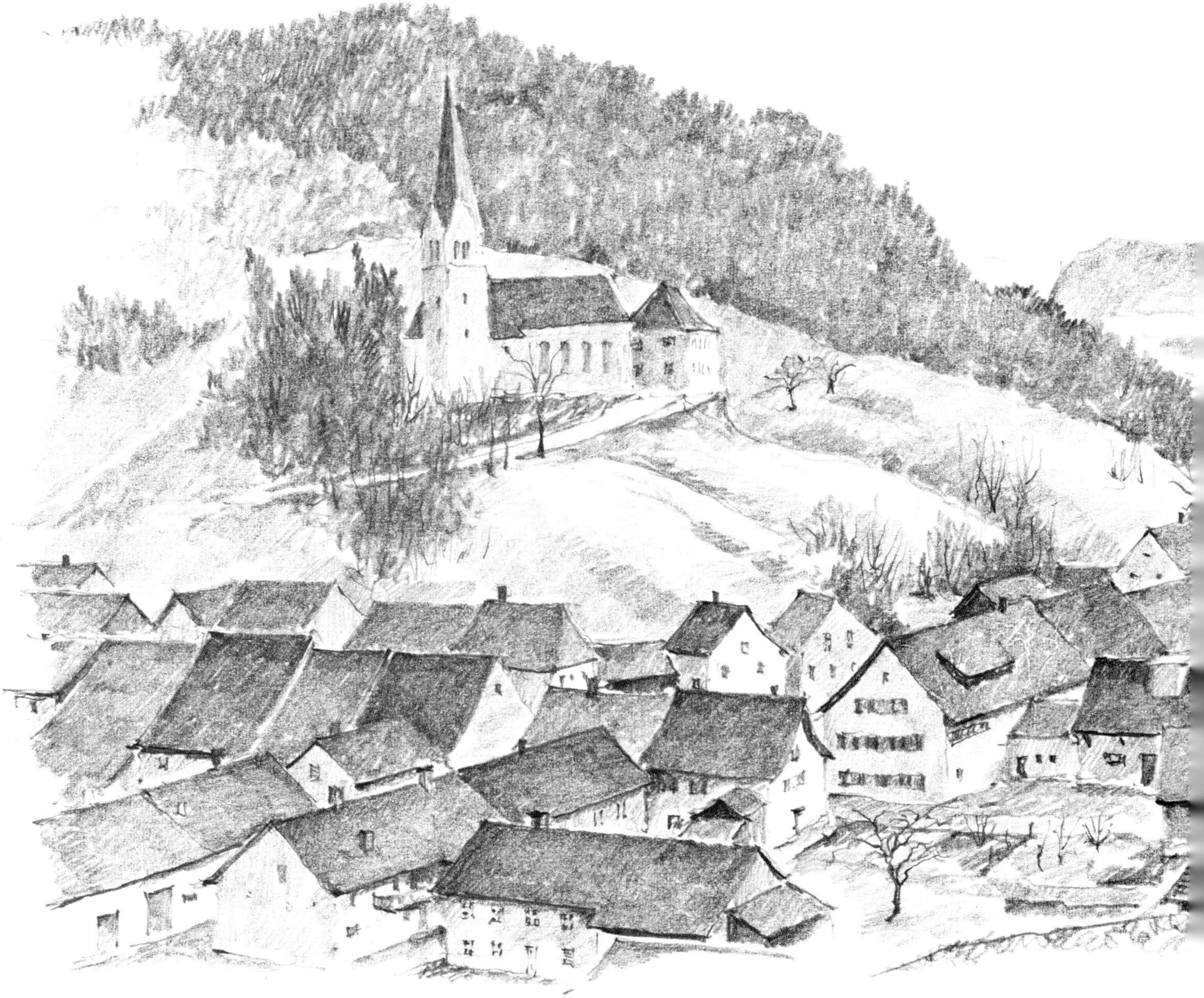

Würenlingen.
Das in die eigenartig abgewinkelte Furche eines Seitentales eingebettete Dorf ist hinsichtlich fragwürdiger Renovationen und Einschleusung neuer Bauten in das Dorfbild nicht verschont geblieben. Es hat aber wenigstens eines bewahrt: eine intakte Dachlandschaft.

Würenlingen 1978

Schloss Böttstein

In seltener Lesbarkeit sind hier die Elemente erkennbar, die nach üblichen Begriffen zu einem Schloss gehören: Herrschaftshaus, Kapelle, Oekonomie. Da hier nicht Wehrhaftigkeit im Vordergrund stand, konnte der herrschaftliche Landsitz mit einer gelassenen Grandezza angelegt werden, die aber ausnahmsweise nicht das Schloss selbst, sondern die Oekonomie und die – eine Besonderheit – doppeltürmige Kapelle in den Prospekt stellte.

Schloss Böttstein
78

VOM WIGGERTAL ZUM SEETAL

In diesen Rahmen gehört auch die Bowald-Gegend westlich der Wigger bis nach Murgenthal. Sie erwies sich aber auf der Suche nach kulturellen Ansatzpunkten, wenn schon ein Blick über die Grenze auf das nahe, luzernische St. Urban verschlossen blieb, als merkwürdig wenig ergiebig. Vermutlich liegt dies an der verhältnismässig späten Besiedelung der waldreichen Gegend.

Umso markanter rückt das stolze Zofingen ins Blickfeld, und weiter nördlich die Feste Aarburg.

Unser Gebiet zwischen Wigger- und Seetal schliesst auch das Suhren- und Wynental ein. Man ist hier in den Stammlanden des ehemals traditionellen aargauischen Strohdachhauses. Es dominiert zwar nicht mehr in der Landschaft, aber wo man ihm noch begegnet, wird man immer wieder gepackt sein von seiner fast urweltlichen, atemraubenden Wucht. Die wirklich noch mit Stroh gedeckten Häuser kann man an den Fingern abzählen. Sie sind museumsreif, aber man sollte sie am angestammten Platz stehen lassen, in der Nähe jener Äcker, von wo einst das Stroh herkam, und nicht auf den Ballenberg versetzen. Nostalgie kann hier nur noch als quasi Requiem ausklingen.

Viel zahlreicher, wenn auch nicht mehr oft in landschaftsprägenden Gruppen, sind glücklicherweise jene Häuser, die wenigstens noch die Form des Strohdachhauses bewahrt haben. Da bei ihnen der Unterhalt gegenüber der früheren Strohdeckung weit weniger stark mehr ins Gewicht fällt, ist zu hoffen, dass ihrer noch recht viele und recht lange erhalten bleiben. Es ist dies umso wünschenswerter, als gerade die südlichen Landesteile und ihre Ortschaften durch Industrialisierung und wuchernde, ungeordnete Ueberbauungen viel von ihrem einstigen Charakter eingebüsst haben.

Zofingen

Diese altehrwürdige Stadt muss als solche gewiss nicht vorgestellt werden. Sie ist ebenso Begriff für Tradition wie für Aufgeschlossenheit gegenüber der Neuzeit. Beim Durchwandern der Altstadt wird uns ein reiches Mass von reizvollen städtebaulichen und architektonischen Aspekten geboten.
Aus dieser Fülle sind zwei – völlig gegensätzliche – Motive herausgegriffen. Am Chorplatz: Zoll für Zoll ein Bild von kultivierter Hablichkeit und Bürgerstolz. Ähnliches ist in der ganzen Stadt in mancherlei Variationen anzutreffen. Im Kontrast dazu: die Fegergasse, zwischen der sehr belebten Hauptgasse und dem westlichen Stadtring. In ihrer puritanischen Schlichtheit erinnert sie daran, dass in einer mittelalterlichen, geschlossenen Stadt auch Handwerk, Gewerbe und Stallungen Platz finden mussten.

Zofingen. Am Chorplatz

Zofingen

Zofingen. Di Fegergane

Zofingen 78

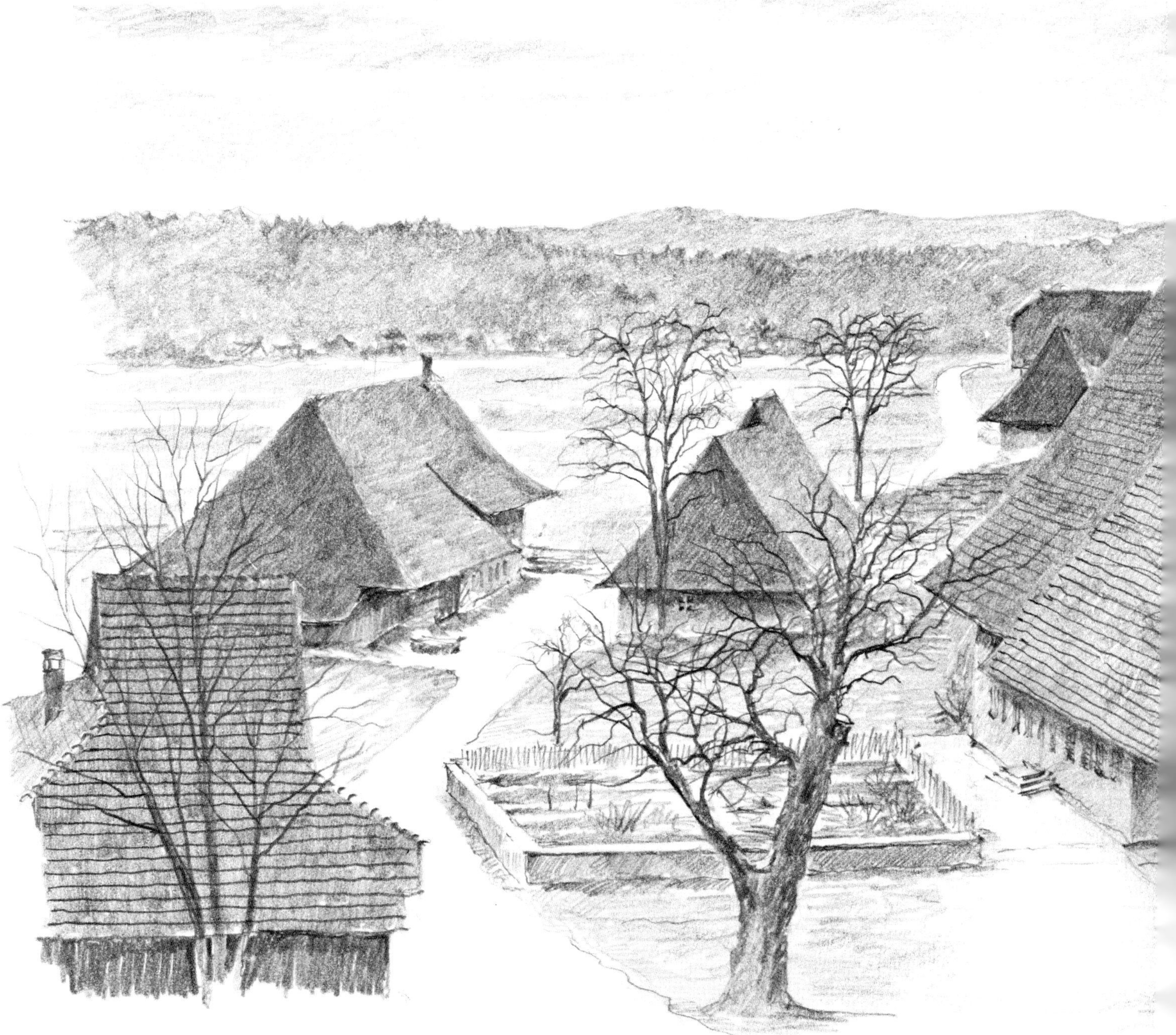

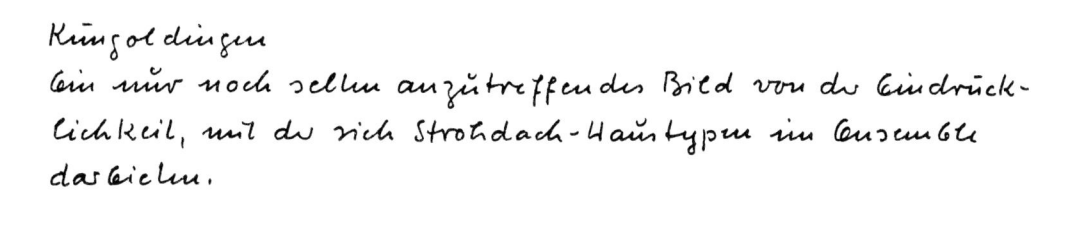

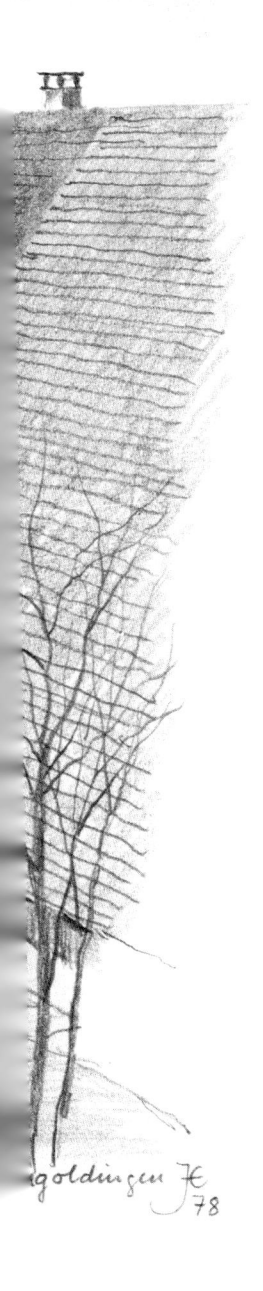

Kingoldingen
Ein nur noch selten anzutreffendes Bild von der Eindrück-
lichkeit, mit der sich Strohdach-Haustypen im Ensemble
darbieten.

goldingen JE
78

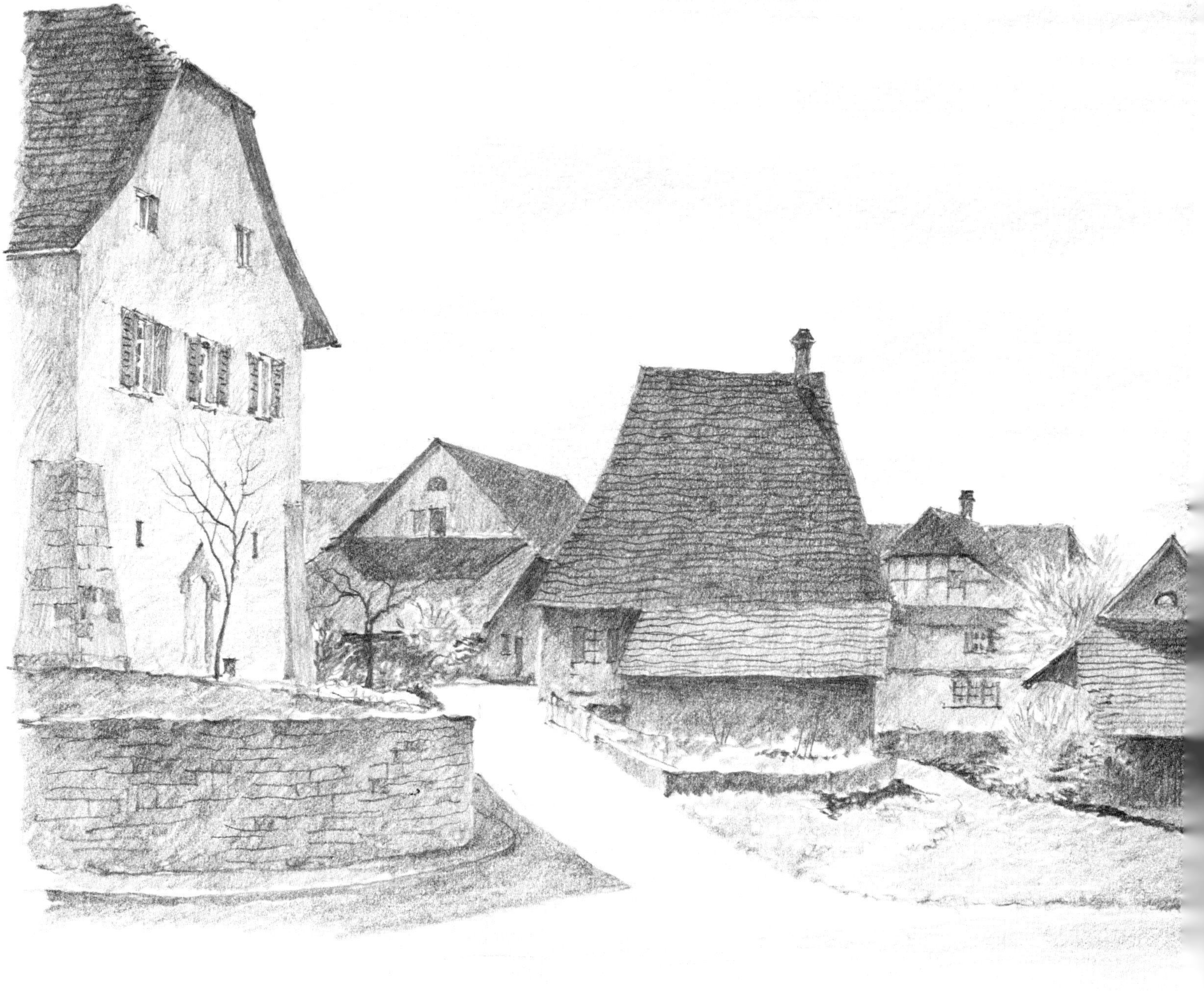

Staffelbach. Dorfpartie mit dem stattlichen, ehemaligen
Zehntenhaus und späteren Bernischen Kornhaus.

Staffelbach 78

Im Rüedtal

In diesem bei Schöftland ausmündenden Seitental reihen sich in dichter Folge die Siedlungen Schlossrüed, Kirchrüed, Schmiedrüed, Walde und das ans Luzernische grenzende Schiltwald. Nicht nur die dichte Besiedlung und die vielen, das Tal säumenden Wälder erinnern etwas an das obere Tösstal, sondern auch die zahlreichen Industrie- und Gewerbebetriebe.

Kirchrüed. Blick vom Bänkelloch gegen Kirchrüed

Blick vom Bänkelloch gegen Kirchried
78

Schmiedrued. Die ehemalige Schmitte. Für einmal musste hier nicht das ehrwürdige Gebäude dem Verkehr weichen, vielmehr wird es von der Strasse respektvoll umfahren.

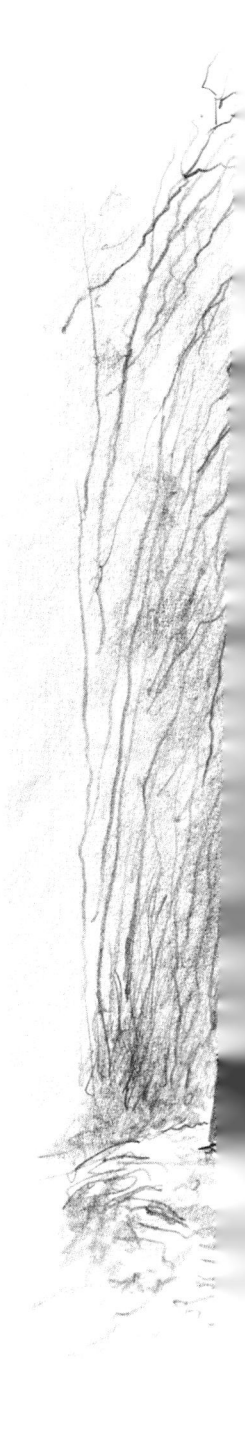

Schmidried
Bei der alten Schmitte
78

Gontenschwil
78

Gontenschwil. Die, im Gegensatz zu der durch einen ungehörigen Neubau verstellten Nordseite, noch unverdorbene Westseite des Kirchhügels.

Gontenschwil. Dorfpartie auf der Egg.

Schafisheim 78

Schafisheim. Das von den Herren von Baldegg im 15. Jahrh. erbaute Schlösschen.

Lenzburg

Ähnlich wie Zofingen, wenn auch in etwas kleinerem Maßstab, ist Lenzburg eine strukturell und architektonisch sehr anregende Stadt. Das über ihr dominierende, stolze Schloss hat nicht verhindert, dass sich zu seinen Füssen bürgerliches Selbstbewusstsein verwirklichen konnte, was nicht zuletzt in der schönen, repräsentativen Rathausgasse zum Ausdruck kommt.

Lenzburg

Ein Betrachter dieser Blätter mag sich vielleicht fragen: Warum ist fast immer nur Altes dargestellt? Warum nicht auch Neues, Heutiges? Gibt es denn nicht auch sehenswertes Neues? Gewiss gibt es das. Die Sache ist nur die: Lohnt sich die Darstellung? Die gestellte Frage kann am ehesten mit einer Gegenfrage beantwortet werden. Wird zum Beispiel jemand die neuen Technikumsbauten in Brugg um ihrer selbst willen besuchen? Kaum. Aber sehr viele Leute besuchen die Ruinen des Amphitheaters oder die Kirche Königsfelden. Wird jemand die eindrücklichen Neubauten der Zementfabrik in Rekingen besichtigen gehen? Nein. Er wird aber das Dörfchen oder das nahe Zurzach besuchen. Oder eines der vielen neuen Schulhäuser in den Dörfern? Auch das nicht. Aber es wird in das alte Dorf im abgelegenen Tal gehen, um dort etwas zu spüren von Herkommen, Tradition und Verwurzelung.

Und noch etwas: Es geht einem irgendwie wider den Strich, etwas Anorganisches von Hand nachzuzeichnen, das offensichtlich das Resultat von Reissbrett- und Maschinenarbeit ist. Wie viel lockender ist es, jenen Nuancen nachzuspüren, die eine Maurerkelle, die Axt des Zimmermanns, die Hand des Dachdeckers hinterlassen haben.

Scon. Die aus dem 15. Jahrh. stammende, ehemalige Untermühle

Seon 78

Sarmenstorf. Alter Landgasthof

Sarmenstorf 78

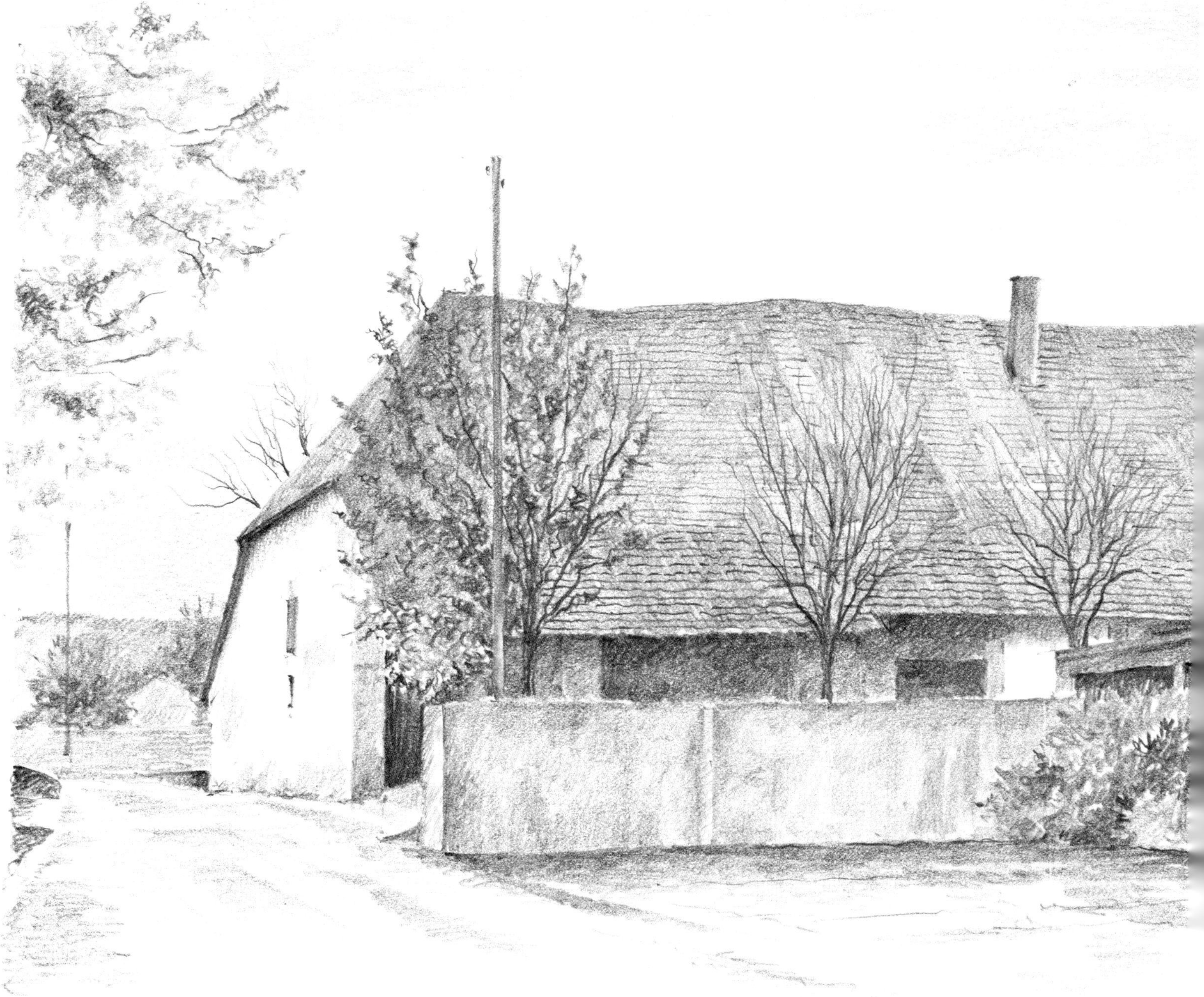

Auch wenn die Zielsetzung dieses Buches hauptsächlich in der Darstellung des Typischen oder Signifikanten liegt, kommt uns doch da und dort ein Motiv vor Augen, das rein nur des Malerischen, der Romantik wegen besticht und zum Zeichnen lockt. Einmal mag es altes Gemäuer sein, ein andermal das Spiel von Licht und Schatten, ein räumliches Gebilde, Kontraste in Formen und Tönen, eine faszinierende Perspektive... die Vielfalt ist unerschöpflich.
Es sind liebenswerte Erlebnisse, die Auge und Gemüt erfreuen, und tröstlich ist es zu wissen, dass sie uns jederzeit widerfahren können.

Ein solches Erlebnis war das alte Gehöft in Fahrwangen. Zum einen war es das Malerische, der krumme First, die bewegte Dachfläche, die alte Mauer.... zum anderen aber auch die starke Aussage über die Ursprünglichkeit der Bauform, und schliesslich die symbolhafte Trennmauer zwischen dem Gestern und Heute, nämlich dem Hof und dem Parkplatz.

Fahrwangen, Altes Gehöft

IM FREIAMT

Von den zwei Tälern die dieses Gebiet umfasst, ist das kleinere Bünztal in seinem unteren Teile stark durch Industrie belegt. Nach zwei kulturellen Glanzpunkten in Muri und Boswil taucht es bereits in Wohlen in eine Zone ein, deren Ortschaften wesentlich unter dem Druck und Sog des Mittellandes stehen.

Im Gegensatz dazu ist erstaunlicherweise das geographisch viel bedeutendere Reusstal weniger mit Industrie und grossen Neusiedlungen belastet, es wäre denn, dass jene auf dem Mutschellen dazu gezählt würden. Die geschichtliche Vergangenheit hat andererseits im Tal zahlreiche Zeugen hinterlassen, vornehmlich in den beiden Städtchen Bremgarten und Mellingen. Sie zählen nicht wenig zum ansehnlichen Bestand an Brückenstädten im Aargau.

In dem längs der Reuss weit nach Südosten ausgreifenden Kantonsteil wird der Einfluss der Innerschweiz im Typ des Bauernhauses deutlich sichtbar. Es ist die Holzbauweise mit Klebedächern, Krüppelwalmen und traufseitigen Lauben. Besonders am Bauernhaus, weil deutlicher als am Bürgerhaus, ermisst man im Gedanken an das Strohdachhaus und das Jurahaus die enorme Spannweite des kulturellen Gefüges.

In diesem Südostzipfel ist eindeutig die Landwirtschaft vorherrschend, in den äussersten Bereichen am Lindenberg sogar voralpine Graswirtschaft. Also Äcker, Wiesen, Weiden? Die Idylle ist nicht mehr perfekt; zu sehr machen sich überall auch die Dienstleistungsbetriebe für das Auto bemerkbar. Es sind nicht mehr nur die ehemaligen Dorfschmitten, die für diesen Dienst umfunktioniert worden sind, nein, es ist ein autonomes Gewerbe, das an allen Strassen das Land überzogen hat mit dem ganzen Arsenal seiner Kennzeichen, vom Reklamewimpel bis zum Schrotthaufen.

Und was soll's mit den vielen alten und schönen Wegkreuzen? Den Wanderer, der sie beachten würde, gibt es kaum mehr.

Mellingen

Zwischen zwei Toren führt die Hauptgasse quer durch das hart an der Reuss liegende, linsenförmige Städtchen hindurch. Das typische Bild einer mittelalterlichen Kleinstadt.

Nur der – immer noch – pausenlos durch die schmale Gasse rollende Durchgangsverkehr reimt sich nicht mit dem Bild.

Mellingen 78

Eggenwil

Weit ins Land hinaus schauen die am Terrassenrand über der Reuss stehende St. Laurentius-Kirche und das ihr beigesellte Pfarrhaus.

Eggenwil

Blick in das Reuntal unterhalb der Mühschellenhöhe

Blick ins Reüntal vom Mutschellen
78

Niederwil 78

Niederwil

Wie so manches Mal, war auch bei dieser Skizze der Zufall im Spiel. Eigentlich war ich ausgezogen in der Erwartung eines Wiedersehens mit dem wunderschönen, lichten und festlichen Kirchenraum in Gerlikon, kam aber an geschlossene Türen. Also wanderte ich zum Nachbardorf hinüber – und irgendwie hat sich das doch gelohnt ...

Bremgarten

Mitten im Walde findet sich ein alter Grenzstein. Liegt es an
der Jahrzahl oder an der kunstvollen Gestaltung, dass es
gerade hier in der Waldeinsamkeit an die Präsenz und die
Bedeutung des Brückenstädtchens eindrücklich erinnert?
Bremgarten ist bis heute ein wichtiger Marktort und ein
Kreuzungspunkt von Verkehrswegen geblieben.

Grenzstein im Wald
bei Bremgarten

Geblieben ist auch die schon reichlich alte Frage, wann endlich die Hauptgasse und die Reussbrücke von dem unerträglichen Durchgangsverkehr entlastet werden.

Bremgarten. Die Stadtkrone von Norden

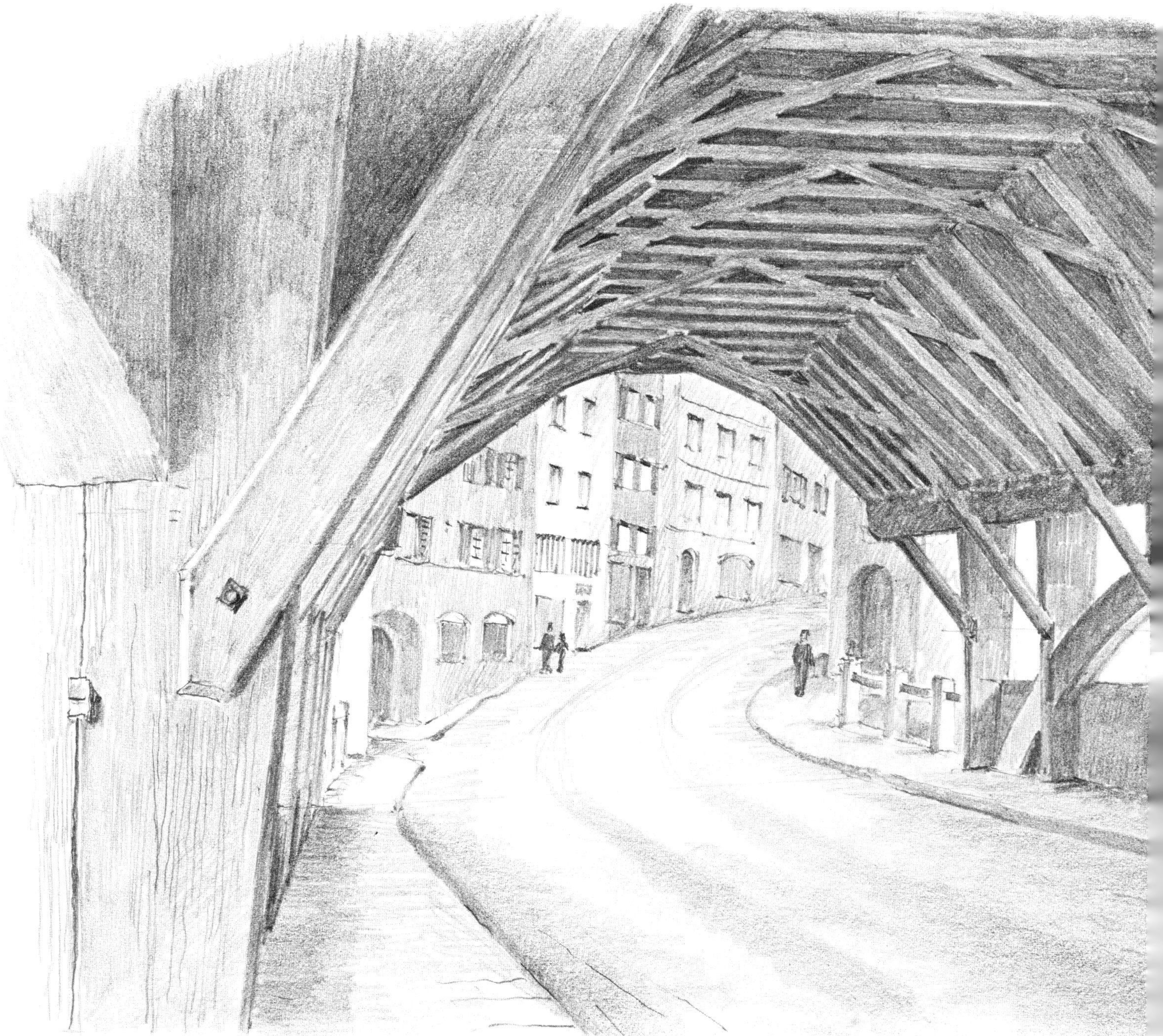

Bremgarten. Die gedeckte Reussbrücke

Diese Brücke, deren gemauerte Pfeiler auf das Jahr 1544 zurückgehen, darf wohl als das konstruktiv und gestalterisch schönste Beispiel im Kanton bezeichnet werden. Die im Gegensatz zu manchen anderen Brücken nur bis auf Brüstungshöhe verschalten Seitenwände lassen die Konstruktion sinnfällig erkennen, und während dem Durchschreiten bleibt der Blick frei auf die an dieser Stelle wegen der Streichwehre besonders lebhafte Reuss. Eine besondere Bereicherung sind auch die Brückenkapellen und das westliche Bollwerk.

Hermetschwil

Ehemaliges Benediktinerinnen-Kloster in stiller Abgeschiedenheit über der Reuss.

Beim Zugang von Bremgarten her muss man sich spätestens beim Stauwehr in der Nähe der Emauskapelle entscheiden, ob man das Kloster rechts oder links der Reuss angehen will. Im einen Fall gewinnt man das eindrückliche Gesamtbild, im andern die Möglichkeit, die Kirche innen zu besichtigen, die in ihrer rokokohaften Unbeschwertheit unwillkürlich an Söstikon erinnert.

Hermetschwil
78

Villmergen

Die Skizze mit den Silos und Hochhäusern ist nicht etwa von einem willkürlichen Standort, sondern vom dominierenden Kirchhügel aus gezeichnet. Offenbar gab es hier weder Bauordnung noch Zonenplan, und das Resultat aus deren Fehlen steht denn auch deutlich genug vor Augen.

Man nimmt darum gerne zur Kenntnis, dass trotzdem wenigstens am Dorfplatz noch nichts Irreparables geschehen ist.

Villmergen 78

Hilfikon

Hilfikon

Ein dreifaches S: Speicher, Schloss, Scheune. An Ort und Stelle ist die Harmonie leider nicht so ungetrübt. Dicht neben dem Speicher steht ein mächtiger Füttersilo. Dieser und ein aufdringlicher Leitungsmast machen zwar dem Zeichner keine, wohl aber dem Aestheten und dem Fotografen Mühe.

Boswil

Der südwestliche Aspekt der altehrwürdigen Kirche und der Beinhauskapelle. Was hier nicht dargestellt werden konnte, sind die Bauernhäuser links und rechts der Wiese, das heisst des Bürgerlis im Vordergrund. Das Bild ist gefährdet; unmittelbar vor der efeuüberwachsenen Kirchhofmauer standen Baugespanne, anscheinend für Einfamilienhäuser. Ein Schlag ins Gesicht. So etwas dürfte heute einfach nicht mehr geschehen. Abgesehen von der ortsbaulich reizvollen Situation und dem kunsthistorischen Eigenwert der Kirchengruppe ist „Boswil" zu einem Begriff kulturellen Geschehens geworden, dem auch ein Schutz seiner Wirkungsstätte gebührt.

Übrigens: in unmittelbarer Nachbarschaft steht eines der markantesten, ältesten Bauernhäuser ... und ist am Verlottern.

Boswil 78

Muri

Eingangsfront der Klosterkirche. Die eher spröde, abgesehen von der Vorhalle sehr schlichte Gestaltung des Aeusseren lässt kaum ahnen, welcher grossartige architektonische und ornamentale Reichtum sich im Innern verbirgt. Wüsste man nicht, welche Steigerungen die architektonischen Gestaltungsmittel erlauben — ein Vergleich mit Einsiedeln liegt nahe — könnte hinter der äusserlichen Zurückhaltung fast eine Ueberraschungsabsicht vermutet werden.

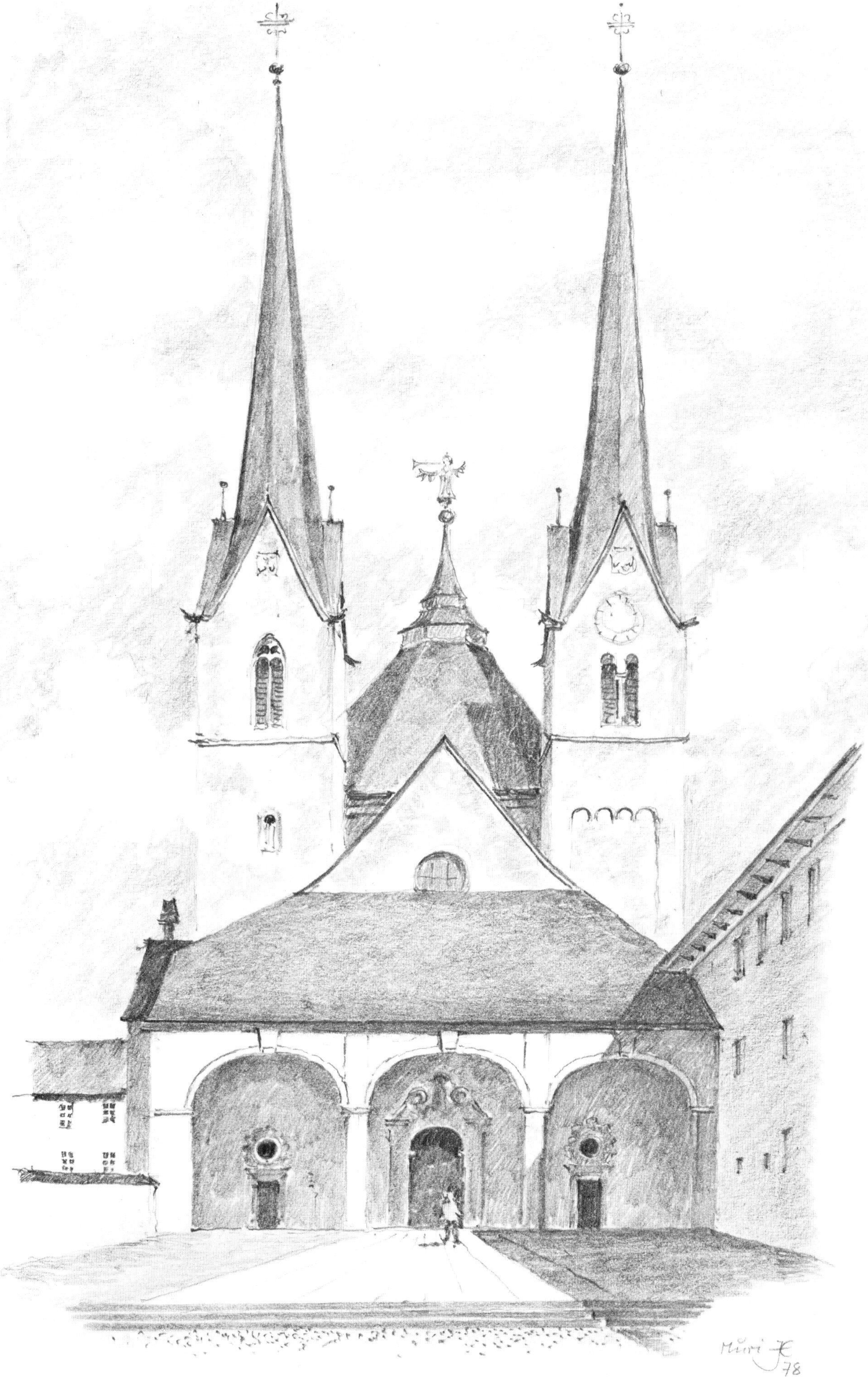
Müri
78

Jonen

Im Grenzgebiet von Jonen verschmelzen augenfällig die Bautraditionen des Innerschweizer Bauernhauses mit seinen Klebdächern und geradezu kokett anmutenden kleinen Krüppelwalmen und des Amtlerhauses (Knonauer-Amt) vom Typus des nordostschweizerischen Riegelhauses.

Nebenbei bemerkt, gelangt man von Jonen aus zu einer sehenswerten Wallfahrtskapelle im stillen Jonental.

Jonen F 78

Dass in diesen Blättern öfter Kirchen zur Darstellung gelangen, ist weder Zufall noch Absicht. Kirchen sind jedenfalls in kleineren Orten, wenn sie nicht gerade durch Hochhäuser oder Silos konkurrenziert werden, unverwechselbare Wahrzeichen. Vor die Wahl gestellt, entweder Alltägliches oder Repräsentatives darzustellen, schlägt das Pendel der Vorliebe gerne einmal zugunsten des letzteren aus. Es ist auch nicht von ungefähr, dass in Kunstführern zunächst meist die Kirchen erwähnt sind.

Es gibt tatsächlich Dörfer (Merenschwand ist damit nicht gemeint) in denen an profaner Kultur mit dem besten Willen nichts zu finden ist, wo dann aber der Eindruck, dass sich die ganze kulturelle Potenz ausschliesslich auf die Kirche konzentriert habe, zum überraschenden Erlebnis werden kann.

Merenschwand. Kirche und Pfarrhaus

Merenschwand
78

Meienberg

Auf dem Wege von Sins nach Auw, das heisst etwas abseits
der aus dem Reusstal in das Bünztal hinüberführenden
Hauptstrasse, finden sich die Reste des anlässlich des Sem-
pacherkrieges im Jahre 1386 zerstörten Städtchens Meienberg. Es ist, ausser einem Stück der äusseren Umfassung
und dem sogenannten Amtshaus, nicht mehr viel vorhanden. Trotzdem sind Name und Begriff bis heute le-
bendig geblieben, im Gegensatz zum benachbarten, zürche-
rischen Maschwanden, wo ein ebenfalls mittelalterliches
Städtchen im Gefolge von Kriegswirren spurlos untergegangen ist.
Man trägt von solchem Hauch der Geschichte unwillkürlich etwas mit.... und wundert sich wenig später, kurz
vor Auw, über ein anderes, ein zeitgenössisches Bild von
Zerstörung. An einem sanft geneigten Südhang nämlich,

Die Brücke von Sins

mitten in offenem Gelände, sind auf dem Geviert von vielleicht einer Hektare hunderte von Occasions-Autos und Wracks abgestellt. Zerstörung schönsten landwirtschaftlichen Bodens, ein unglaubliches Bild auch von der Wegwerf-Mentalität unserer Zeit.

Reste des Städtchens
Meienberg   1978 FE

Auw. Dorflied

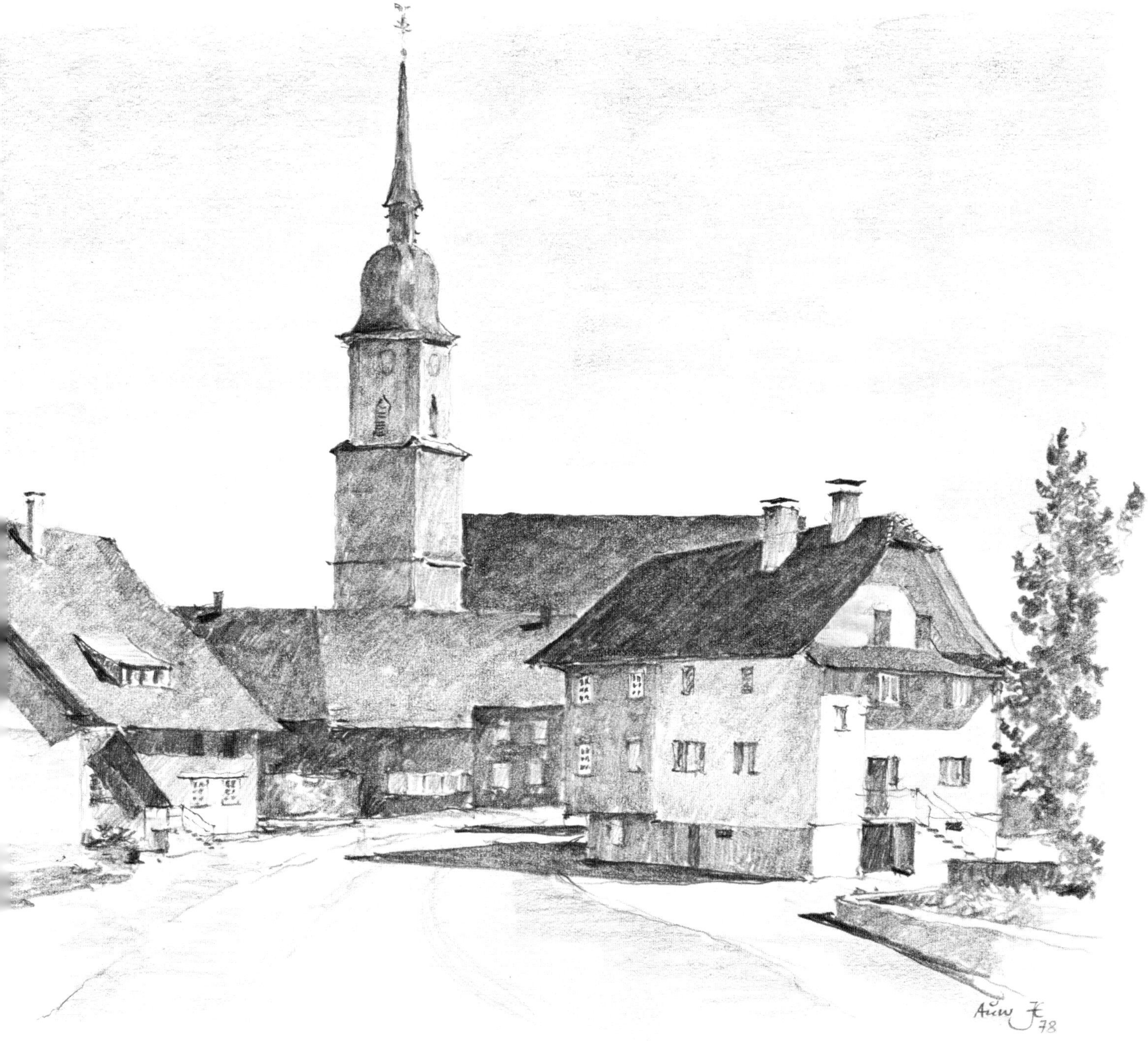

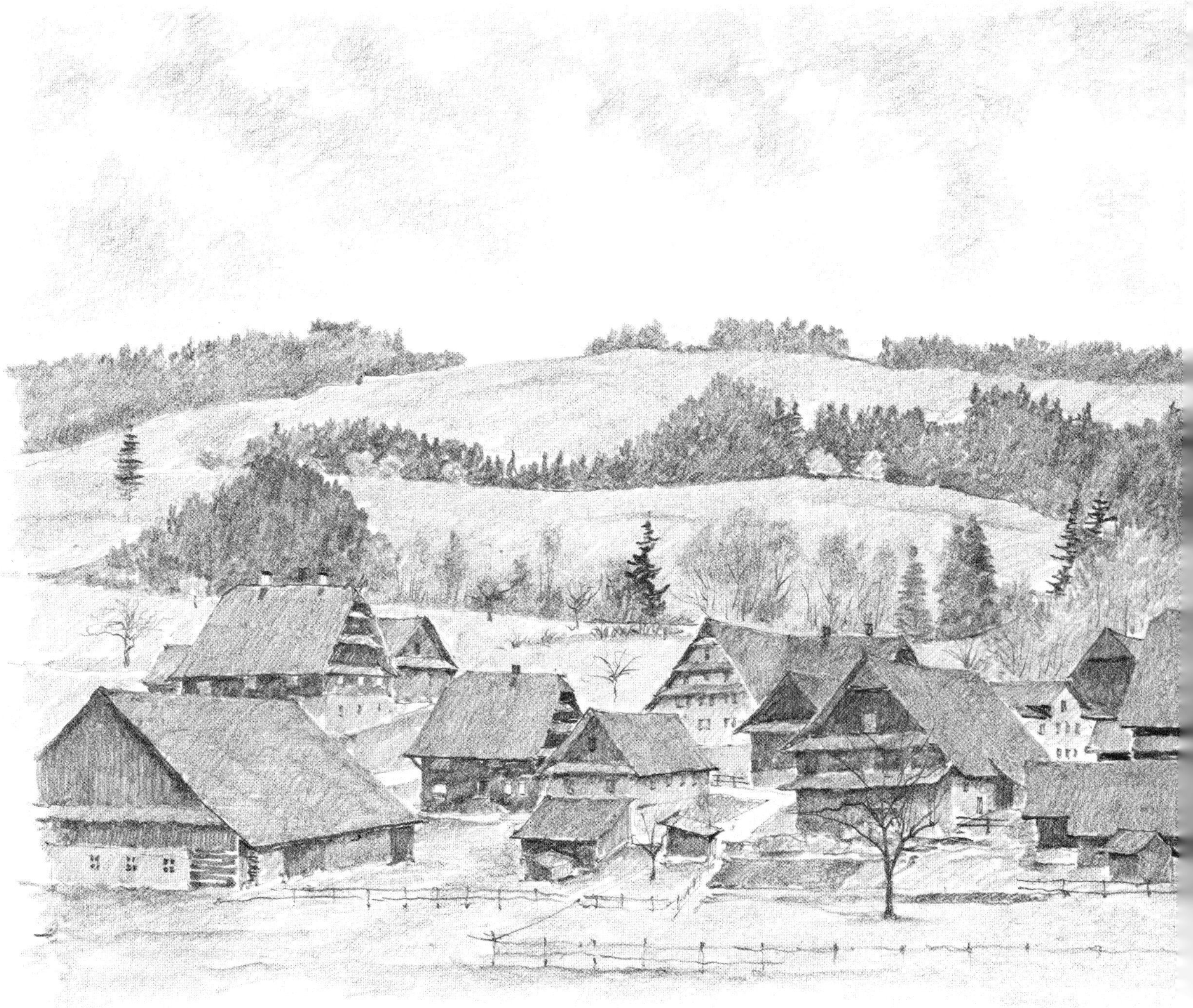

Winterschwil

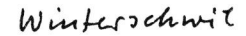

Ein durch markante Bauten des Innerschweizertyps geprägtes, durch keine störenden baulichen Eingriffe beeinträchtigtes Dorf. Dass es so etwas noch gibt, ist allein schon Freude und des Erwähnens wert. In der Erinnerung ist die Skizze, in den Tagen der ersten Frühjahrsweidgänge entstanden, begleitet von vollem Herdengeläute.

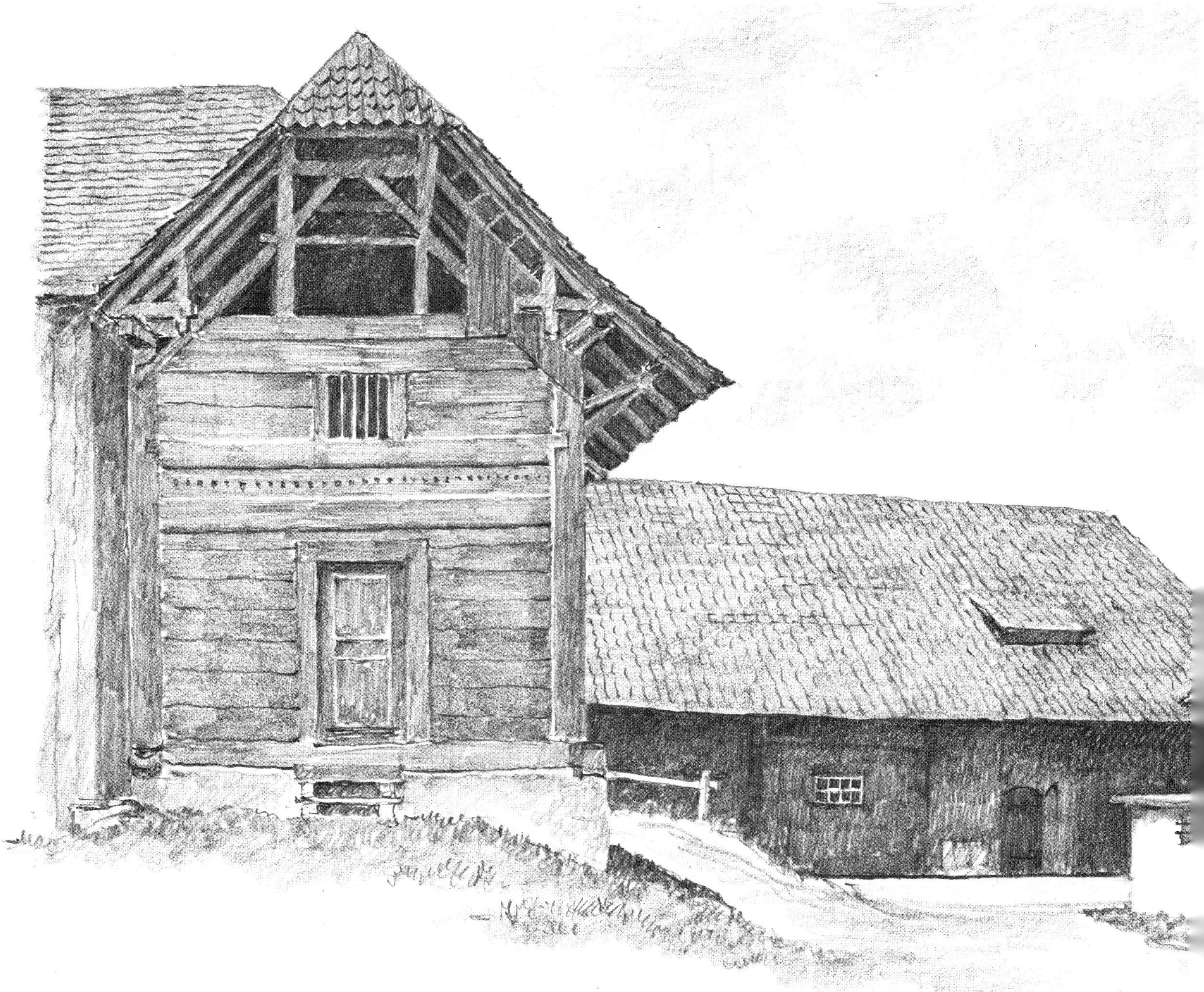

Brunnwil. Gehöft mit altem Speicher

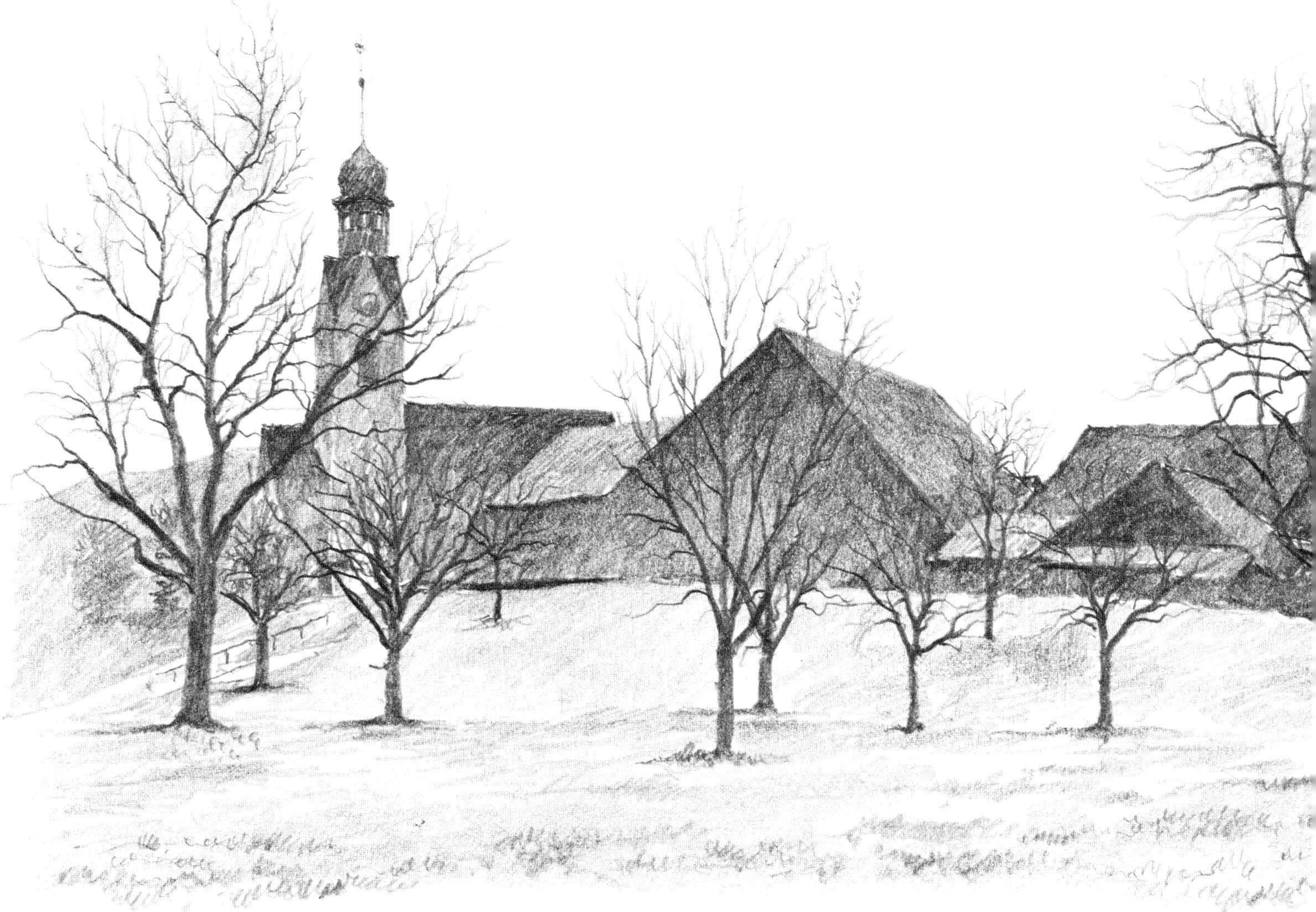

Beinwil
Dorfsilhouette im Morgenlicht eines Frühlingstages. Die schönen, hochstämmigen Obstbäume haben bald Seltenheitswert.

IM JURA

Für einen Nicht-Aargauer ist nicht ganz leicht auszumachen, was unter den Begriff „Jura" fällt. Er muss einfach zur Kenntnis nehmen, dass in ihm der ganze nördliche Kantonsteil von den Höhenzügen Wasserfluh – Gislifluh – Kestenberg-Lägern an, enthalten ist. Und er muss auch wissen, dass der Name „Fricktal" nicht allein „das" Fricktal, sondern fast die ganze, vorhin mit „Jura" umschriebene Region bedeutet.

Solcherweise informiert, mag nun der Entdeckungsfreudige selber erkunden, was in dem weitläufigen Gebiet an Unterschiedlichem, Eigenartigem und Einmaligem zu sehen ist. Und es ist nicht wenig.

Wohl am bekanntesten sind die schönen alten Brückenstädtchen Rheinfelden, Laufenburg, Kaiserstuhl und der Marktflecken Zurzach. Bekannt sind auch die grossen Industriekomplexe und neuen Wohnsiedlungen, die die Rheinlandschaft phasenweise – zum Glück noch nicht durchgehend prägen.

Eher überraschendes Neuland sind hingegen die zahlreichen, vom Rheintal aus südwärts streichenden Seitentäler. Man darf zwar nicht mit zu grossen Wundern gläubig hingehen, denn eine heile Welt, soweit Menschenwerk im Spiele ist, ist auch dort nicht mehr zu finden.

Die Wohlstandszeit hat allenthalben ihre Spuren hinterlassen, und dies paradoxerweise in einem ästhetisch nicht eben günstigen Sinne. Die offenbar stattfindende Pendelbewegung vom Dorf zum Arbeitsplatz in der Fabrik und zurück ins Dorf, oder noch lieber in das Einfamilienhaus beim Dorfe: solches bleibt nicht ohne Einfluss auf Landschaft und Siedlung.

Trotz allem ist wohltuend, dass die Industrie nicht in nennenswertem Masse in die Täler eingedrungen ist, dass eine aktive Landwirtschaft noch vorherrscht, und dass noch recht viel kulturelle Substanz und Eigenart vorhanden sind.

Augst – Kaiseraugst

Zum Beginn an dieser äussersten Werkecke des Kantons möge eine kleine „Grenzverletzung" toleriert werden, indem das auf basellandschaftlichem Territorium gelegene römische Theater in die Betrachtung einbezogen wird. Sehr krass ist der Uebergriff nicht, denn für die Römer bedeutete eher die Ergolz eine Grenze denn der kleine Violenbach. Zudem erstreckte sich die römische Lagerstadt weit über den Violenbach hinaus nach Osten, und einer der dortigen Wohnblöcke steht direkt über den Resten der östlichen Umfassungsmauer.

So betrachtet, finden sich im Aargau die, abgesehen von Aventicum, umfangreichsten baulichen Zeugen aus der Römerzeit, und mit ihnen rundet sich ein Bild von einer reichen kulturellen und geschichtlichen Vielfalt.

In Kaiseraugst drängen sich aber angesichts zweier Motive, nämlich der römischen Ruinen und der Wohnhochhäuser noch andere Gedanken auf.

Die Ruinen des römischen Theaters sind keine Sache der Aesthetik, die Wohnblöcke ebenfalls nicht – oder wer möchte das Gegenteil behaupten? Es wäre müssig, bei Vergleichen allzu sehr ins Philosophieren zu geraten. Eines aber gibt zu denken: Was uns die Römer augenfällig hinterlassen haben, sind nebst Resten von Wehrbauten (das Castellum in Kaiseraugst, zahlreiche Wachttürme längs des Rheins, das Castell in Zurzach und andere), vor allem Zeugnisse einer höheren Kultur, wie eben das Theater und die Tempel-Plattform in Augst, wie auch das Amphitheater in Vindonissa. Fast alles andere, das Profane, Alltägliche, ist untergegangen in die Anonymität.

Augst. Ruinen des römischen Theaters

Röm. Theater Augst
JE 78

Kaiseraugst 78

Und da mag man sich eben fragen: Was wird einst aus unserer Zeit an Zeugnissen übrig bleiben? Etwa Zeugen der Wohnkultur? Es wäre nicht das Schlechteste, aber auch nicht das Beste, Wertvollste; und sicher nicht in der Form von Monster-Hochhausblöcken.

Kaiseraugst. Die neuen Wohnblöcke

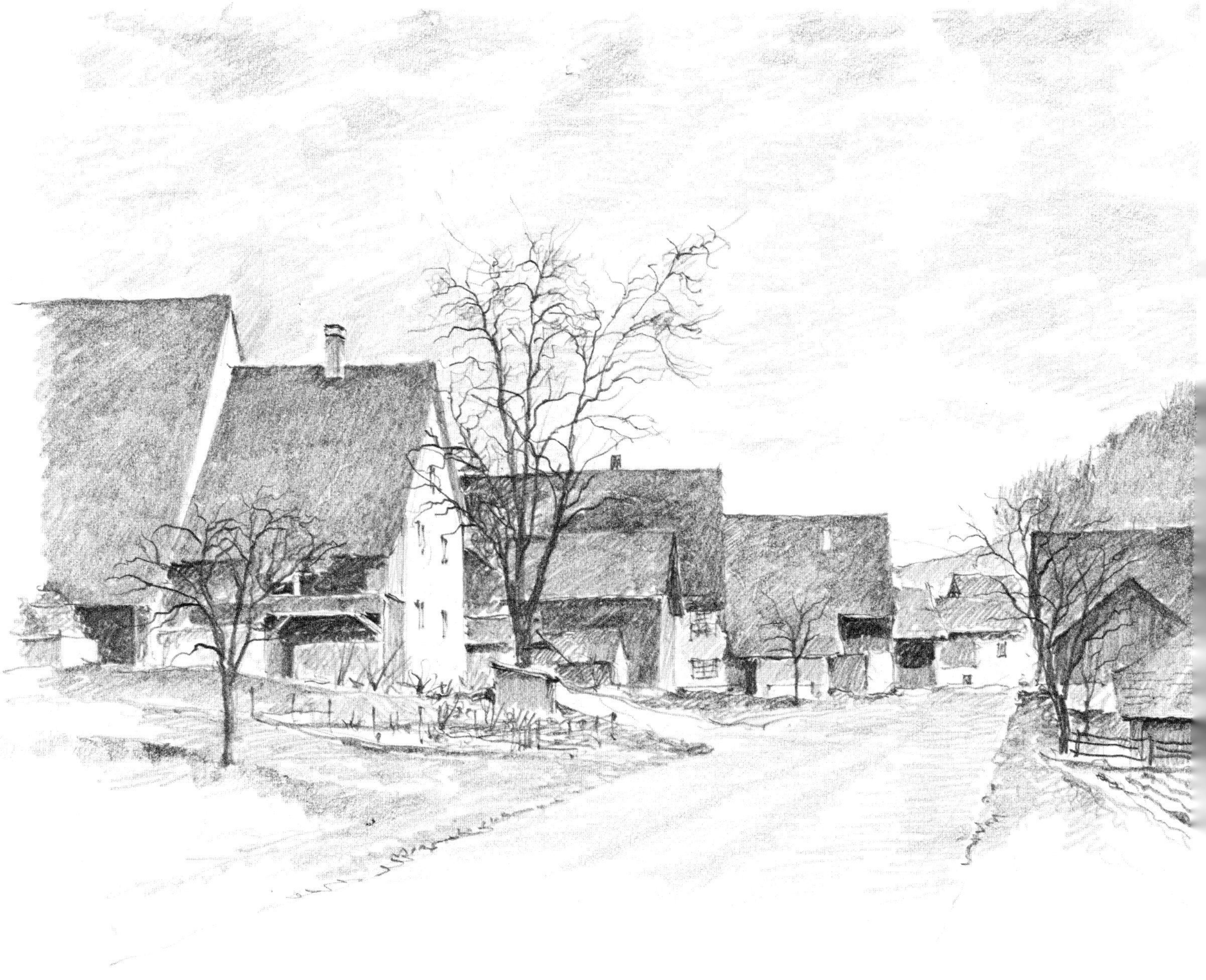

Olsberg

Die Fahrt im kleinen Postauto von Kaiseraugst nach Olsberg, zuletzt am Komplex des ehemaligen Klosters vorbei, führt in das westlichste der eingangs erwähnten Seitentäler. Es ist ein hübsches, unverbautes Tal, und auch die gespannte Erwartung auf das Dorf wird nicht enttäuscht.

Dennoch erfährt das Bild eine Retusche; unmittelbar vor dem Dorfe stehen einige neue Einfamilienhäuser, denen Ignoranz im Gesichte steht. Einmal Pultdach, einmal Satteldach; einmal First längs, einmal quer, von Ziegeln keine Rede. Und das alles angesichts des Beispiels schönster Harmonie im Dorfe. Kein einziges der alten Häuser ist gleich wie das andere, doch mit gleicher Dachform und gleicher Firstrichtung haben sie Uebereinstimmung und Wohlklang bewahrt.

Möhlin

Für mich war Möhlin so etwas wie „Liebe auf den zweiten Blick". Das Dorf macht es einem nicht leicht. Die weitgefächerte Siedlung weist noch beträchtlich viel gute, traditionelle Bausubstanz auf. Andererseits ist unübersehbar, dass schon zahlreiche bauliche Mingriffe passiert sind, die insbesondere in die Strassenbilder Wunden geschlagen haben. Was zu solchem Geschehen zu sagen ist, trifft durchaus nicht allein auf Möhlin zu, sondern leider auf viele Dörfer im ganzen Lande.

Was gemeint ist mit guter Substanz ....

Die Ursache der Fehlgriffe ist mit wenigen Worten zu umschreiben: Ignoranz, Unfähigkeit, Mißachtung oder Verkennung des Wertes traditioneller Bausubstanz und des gewachsenen Dorfbildes, nicht zuletzt auch Renditedenken. Ebenso eindeutig liegt die Verantwortung bei den Architekten und Planern, bei jenen besonders, die so gerne das schmissige Wort vom „kompromisslosen Bauen" gebrauchen.

Eines ist klar: längst nicht alles Alte kann so wie es ist erhalten werden; zu sehr ändern sich Zweckbestimmungen, Bedürfnisse und Mittel. Imitatives Bauen andererseits hilft da auch wenig und führt selten zu guten Lösungen. Anzustreben sind hingegen Synthesen zwischen Alt und Neu. Sie sind nicht leicht zu finden und erfordern etliches an geistiger Anstrengung und Rücksichtnahme; gerade daran mangelt es leider allzu oft.

----- und was gemeint ist mit Nichteinordnung

Möhlin. Kapelle St. Wendelin an der Abzweigung nach Wegenstetten

Möhlin

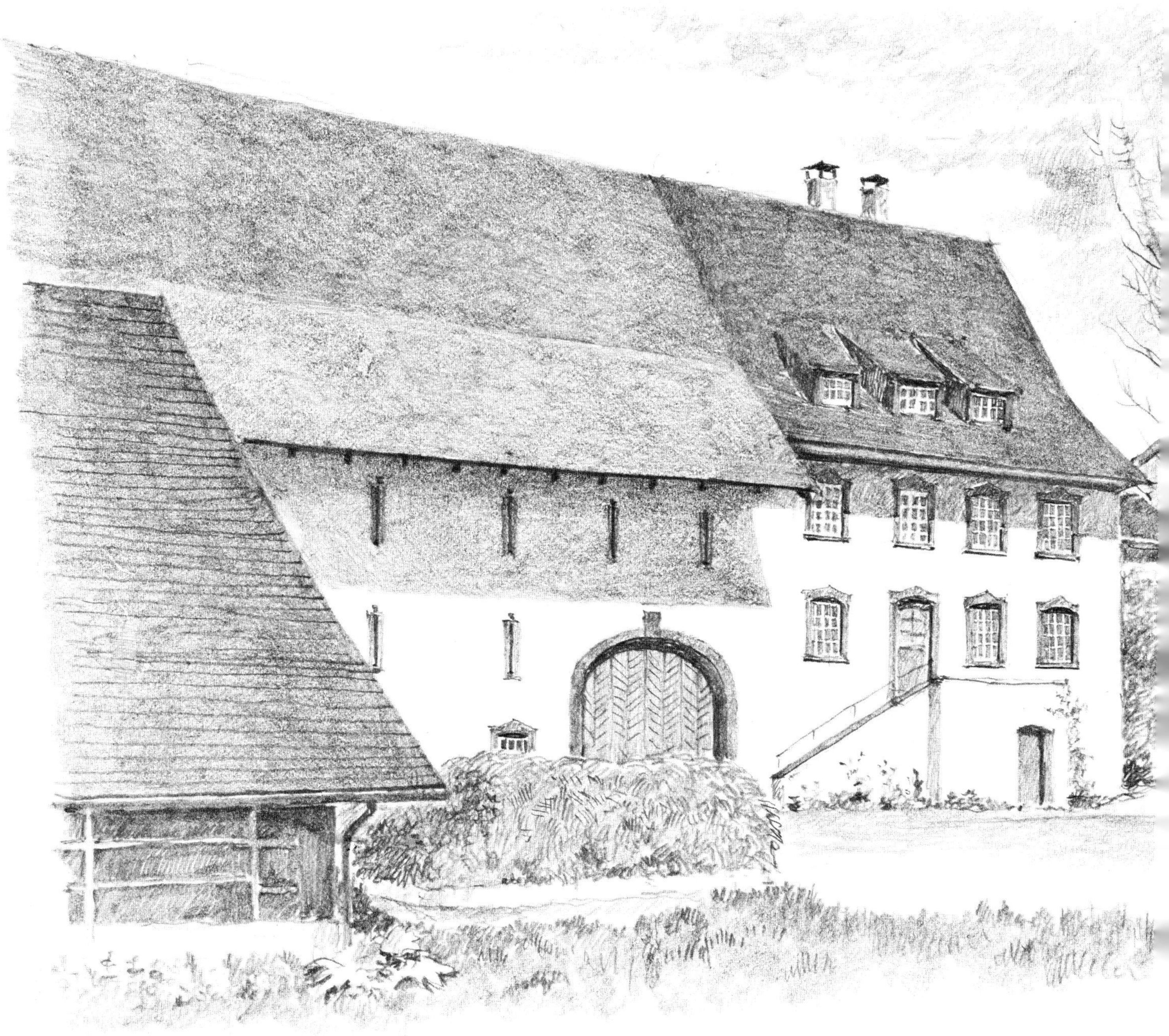

Zuzgen. Einer der stattlichen, typischen Bauernhöfe

Zuzgen K78

Durch Armut gekennzeichnete Gegenden sind im Aargau kaum mehr anzutreffen. Ein gewisser Wohlstand ist weitverbreitet. Er kommt zum Ausdruck in vielen neuen Wohnsiedlungen, in grosszügigen Schulhäusern, Schwimmbädern und Sportanlagen selbst in abgelegenen Tälern. Er äussert sich aber auch sinnfällig im Auto, und dies ist in etlicher Hinsicht weniger erfreulich. Die Auswirkungen der durch das Auto gebotenen Mobilität stehen uns heute deutlich vor Augen: Streusiedlungen, Landschaftsverschleiss, ausgefranste Ortsbilder, aufgerissene Dorfkerne (Schaffung von Verkehrsraum!), Ansiedlung von Industrie und Einkaufszentren „auf der grünen Wiese", landfressender Strassenbau, Asphalt und Beton statt Grünflächen.

Es sind nur wenige Orte, die diese Wohlstands-Expansion nicht mehr oder weniger mitgemacht haben, und kaum irgendwo hat man die bauliche Entwicklung in den Griff bekommen. Man hat ihr einfach den Lauf gelassen, oder – noch häufiger – sie in euphorischem Zukunftsglauben gefördert durch grosszügige Bauzonen und tolerante Bauordnungen, die der Willkür der Architekten schier keine Grenzen mehr setzten.

Die Erkenntnis von Fehlentwicklungen sollte Anlass sein, ihnen entgegen zu wirken. Etwas vom Nächstliegendsten ist die Erhaltung und Pflege der gewachsenen Ortskerne. Diese individuellen Gebilde sind hervorragend geeignet, als Kristallisationspunkte Heimat- und Zugehörigkeitsgefühl zu entwickeln.

Hellikon. Dorfstrasse

Hellikon 78

Hellikon

Hellikon. Kapelle im Oberdorf

Nicht nur das allgemein anerkannte „Schöne" oder „Wertvolle" in unserer Umwelt verdient Beachtung, sondern auch das Unscheinbare, sozusagen Alltägliche. Es gehört unausweichlich zum Lebensraum, und Lebensraum ist Erfahrungsraum, in welchem Heimatgefühl wurzelt. Solche Verbundenheit ist ein tiefes Bedürfnis des Menschen, nicht nur hiezulande, sondern weltweit. Der russische Dichter Solschenizyn sagt in einer seiner Schriften: „Jede Erinnerung an den Ort, wo du aufgewachsen bist, hat etwas Wehmütiges. Mag es für die anderen unbedeutend und garnicht auffallend sein — für dich bleibt es der schönste der Erde. Die unwiederholbar schnurrichtigen Windungen des Feldweges um die Zaunpfosten. Die windschiefe Remise. Die Sonnenuhr. Der unebene, verwahrloste, nicht eingezäunte Tennisplatz..."
Damit wird fast nur Unwichtiges genannt, was natürlich nicht heißt, dies sei die Voraussetzung für Verbundenheit, sondern nur besagen will, daß eine solche auch bei schlichtester Alltäglichkeit möglich sein kann. Ebenso wenig will es heißen, daß das Bestehende unveränderlich bleiben müsse, daß die Wertschätzung sich nicht auch an Besserem steigern könnte.
Jede Ortschaft und jeder Weiler, mögen die diese Ensembles bildenden Einzelteile noch so schlicht sein, hat ein eigenes, unverwechselbares Gesicht. Es müßte überall verstanden werden, daß diese in langen Zeiträumen entstandenen Gebilde, die doch wesentlich das Bild der Heimat bestimmen, nicht mutwillig durch abrupte oder schockierende Eingriffe zerstört werden dürfen.

Obermumpf. Dorfpartie

Oberrimpf
78

Schüpfart. Dorfpartie

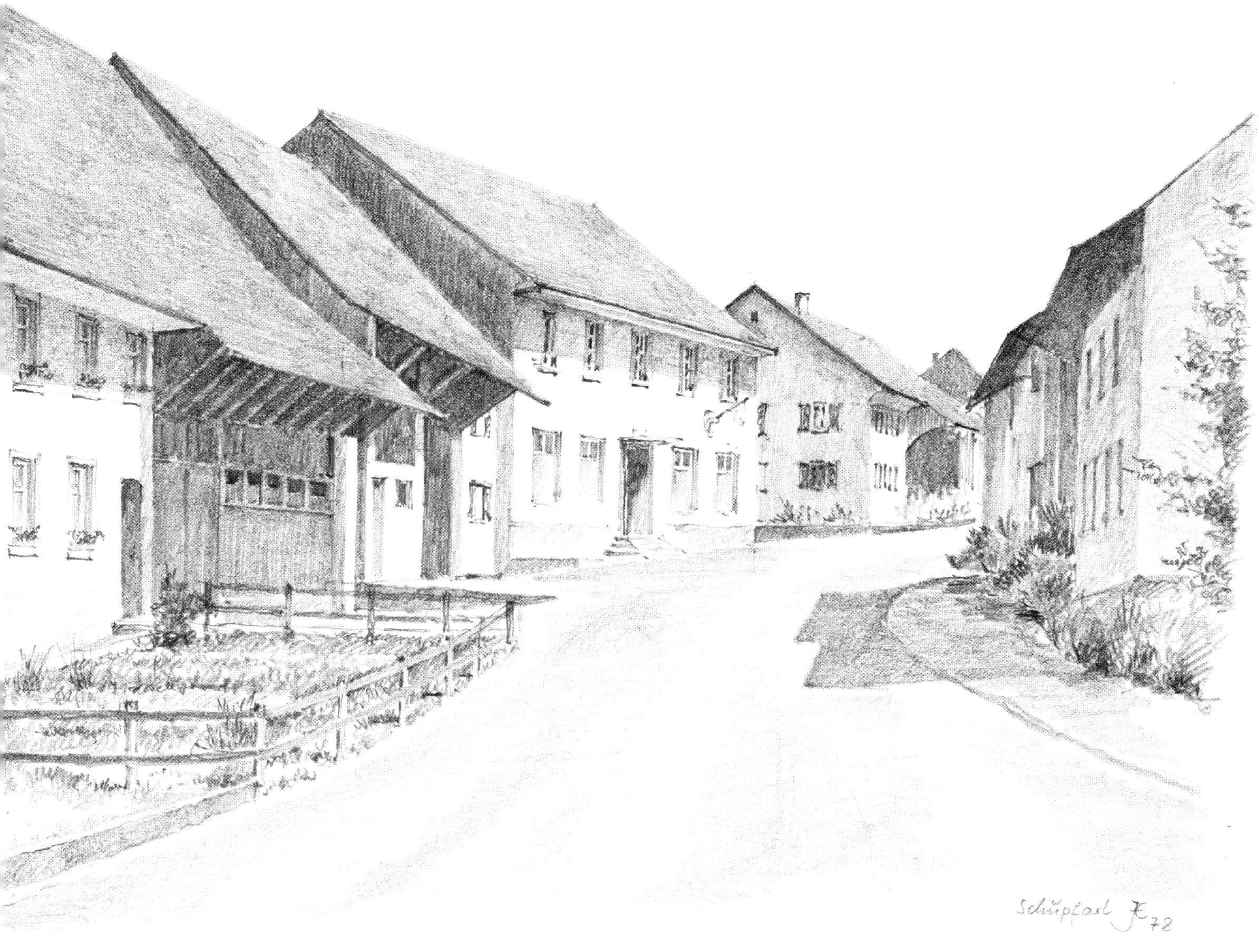
Schüpfart JE 78

Frick

Die zwei augenfälligsten Merkmale von Frick sind – jedenfalls für den Bahnreisenden – die inmitten des weiten Talkessels an erhöhter Lage stehende Kirche, und beim Bahnhof der grosse Ziegeleikomplex.

Mit der Kirche ist es etwa ähnlich wie in Wasen; sie wird in einem grossen Bogen umfahren und gelangt so zu verschiedenen Malen und von verschiedenen Seiten ins Blickfeld.

Die Ziegelei andererseits deutet auch hier auf „Bodenschätze" hin. Sinnbildlich kommt dies zum Ausdruck in einer langen Becher-Seilbahn, die den Ton aus den südlich gelegenen Gruben heranführt.

Ziegelhütten haben im übrigen ihre eigene, charakteristische Ausdrucksform; ihre Berechtigung im Landschaftsbild haben sie gleichermassen wie etwa Mühlen, Speicher und Scheunen.

Frick. Ziegelei beim Bahnhof

Frick JC 78

Frick 78

Frick. Vorhalle zur Kirche

Es lohnt sich, den Kirchhügel zu ersteigen. Schon der Zugang über eine gedeckte Freitreppe ist vielversprechend. Oben trifft man auf ein Ensemble markanter Bauten, unter ihnen, direkt gegenüber dem Kircheneingang, eine alte Friedhofkapelle – und in dieser ein kostbarer Altar. Er stamme aus einer unlängst abgebrochenen Kapelle in Gipf, die einem Neubau habe weichen müssen, erklärte mir der Friedhofgärtner. Abgebrochene Kapelle...? Und kein Platz mehr für dieses Kunstwerk? Ich ahnte nichts Gutes.

Etwas später sah ich jene neue Kirche. Stand lange davor .... und konnte an nichts anderes denken als an eine kurz zuvor an der ETH in Zürich gesehene Ausstellung über – Westwall-Bunkerarchitektur.

Herznach

Zwei sehr gegensätzliche Motive sprechen mich in Herznach an. Einmal hat hier der Eisenerz-Bergbau sehr eigenartige bauliche Spuren hinterlassen. Sie erinnern mich an den Ausspruch eines bekannten Ingenieurs: „Was zweckmässig ist, ist auch schön". Nun, darüber liesse sich streiten; hier aber trifft es zu. Das Bauwerk steht in offener Landschaft, wirkt aber dennoch nicht aufdringlich. Das offene, kräftigen Schatten bewirkende Dach und der grossenteils im Selbstschatten liegende Trichter sind sicher nicht aus ästhetischen Erwägungen, sondern der rein funktionellen Zweckbestimmung entsprungen.

Während ich so zeichne – es ist Sonntag – krabbeln etliche Familien auf den nahen Gesteins-Schütthalden auf der Suche nach Versteinerungen herum. Also auch hier Bodenschätze!

Merkwürdig, wie der heutige Mensch, wenn er den Namen Herznach hört, zuerst an Erz denkt. Umso überraschter ist er dann, wenn er sich dem Kirchhügel zuwendet und hier den eindrücklichen Zeugen sehr alter Kultur begegnet. Zunächst erstaunt die festungsartige Mauer, welche die Kirche umgibt, und noch verblüffender ist der Eindruck im Vorhof: Wie eng dieser Mauerring schliesst, und wie viel trotzdem darin Platz findet. (Der Blick auf die Innenseite der Pforte und die Vorhalle zur Kirche ist mit einer Drehung auf dem Absatz vom selben Standort aus erfassbar). Zwischen den Säulen der Vorhalle hindurch ist die Friedhofkapelle (ehem. Beinhaus) und ein kleines Stücke des gedeckten Aufganges zu deren Empore sichtbar. Und dies ist noch keineswegs alles....

Herznach. Beim Erzbergwerk

Herznach 78

Herznach. Innenseite der Kirchhofpforte

Herznach 78

Herznach 78

Herznach. Vorhalle zur Kirche

Wittnau

Eigenartig langgezogenes Strassendorf. Die ebenfalls langen Häuserzeilen verleihen der Struktur aber dennoch einen gewissen Zusammenhalt. Die durchwegs schlichte Bauart erfährt eine Bereicherung durch die Vorgärten, welche glücklicherweise (noch) nicht einem übertriebenen Strassenausbau oder Autoabstellplätzen weichen mussten.

Wittnau 78

Staffelegg
Diese Passhöhe braucht einem Aargauer nicht vorgestellt
zu werden; sie ist nebst dem Bözberg der bekannteste
Juraübergang ins Fricktal. Wenn der Charakter dieser Hö-
he eher voralpin anmutet, empfindet man umso mehr
das Erstaunliche, dass der Ackerbau bis hier hinaufreicht.

Noch grösser ist der Kontrast, wenn man ostwärts in das Schenkenbergtal absteigt. Nach kaum einer Wegstunde gelangt man in die Weinbaugegenden von Thalheim, Oberflachs und Schinznach-Dorf, deren Eigenart auch in Struktur und Bauweise zum Ausdruck kommt.

Oberflachs

Zwei alte Speicher stehen unweit voneinander, der eine ist renoviert .... vom andern stammt mein Motiv.
Es ist eben schon so: auch bei Reparaturen ist heutzutage ohne Maschinen kaum mehr auszukommen. Umso grösser wird die Wertschätzung für Handwerkliches.

Ittenthal

Die Fahrt von Laufenburg aus durch das reizvolle Tal legte ich – wieder einmal, wie so oft schon in dieser Region, als einziger Passagier – im Postauto zurück. Am Ziel fuhr der Chauffeur schnurstracks in die Garage hinein. „So, da wären wir", meinte er. Ich tat einen Schritt zur Garage hinaus, und befand mich mitten in einem herzhaften Bauerndorf. Ich glaube, schon lange Zeit nicht mehr bäuerliche Art in derartiger Intensität erlebt zu haben. Zwar standen auch hier Traktoren und andere Maschinen herum, aber die unmittelbare Anknüpfung an die Zeit des handgesteuerten Pfluges, des pferdebespannten, hölzernen Jauchewagens war noch deutlich zu spüren.

Bis zur Rückfahrt des letztmöglichen Autokurses blieb nur knapp bemessene Zeit für eine Skizze. Da gab es kein langes Suchen und Wägen mehr, kein Warten auf besseres Licht. Doch die Reihung markanter Giebel, der abschliessende Querbau im Hintergrund, zugleich das Ende der Talstrasse überhaupt anzeigend, waren Motiv genug.

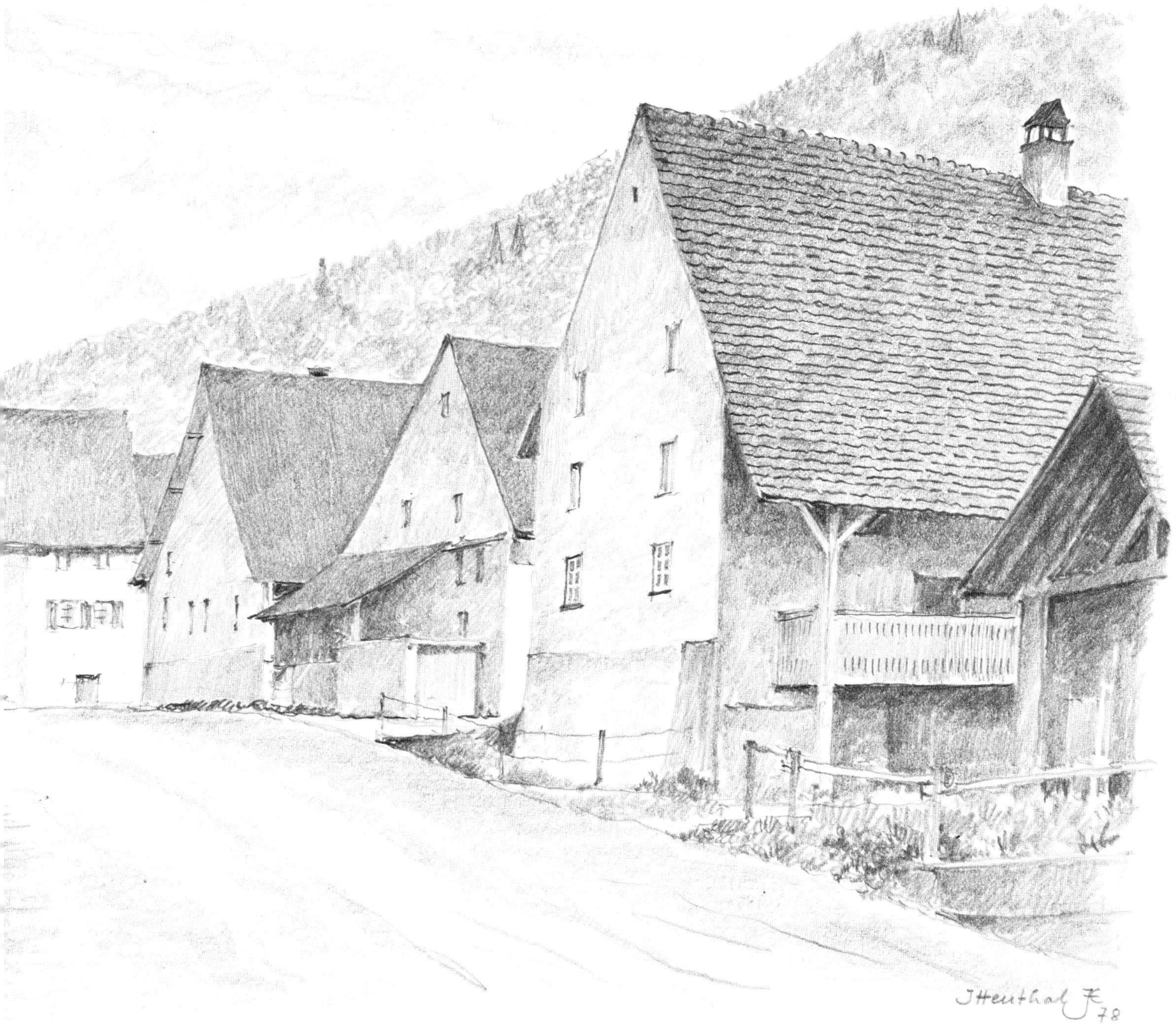

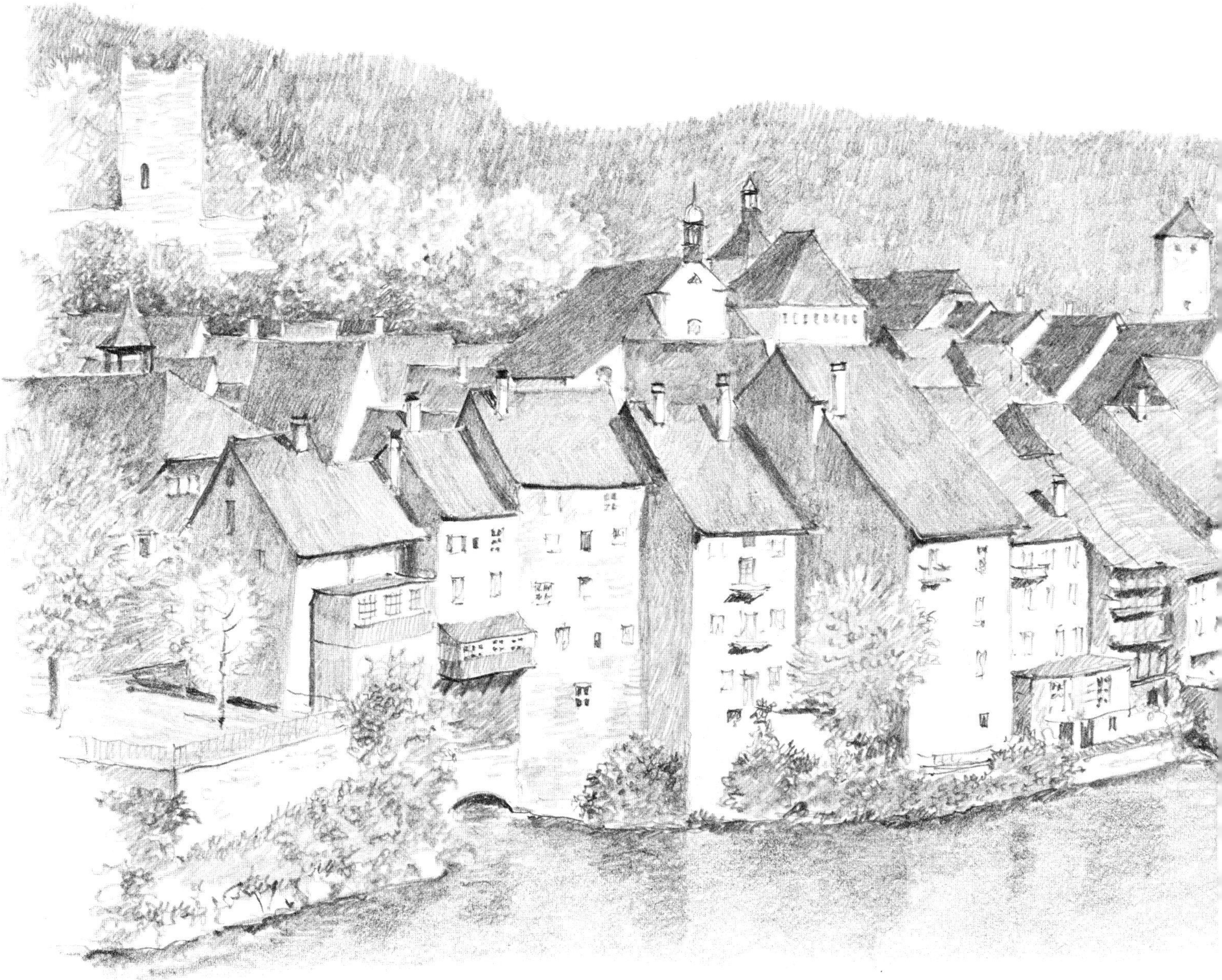

Laufenburg. Der westliche Teil der Altstadt am Rhein

Eine schlichte Kapelle an der Abzweigung in dem aus nur wenigen Häusern bestehenden Rheinsulz weist den Weg in das Sulztal hinein; eines jener mehrfach erwähnten Seitentäler des Rheins. Es sind meist liebliche Wiesentäler, und was besonders angenehm auffällt, ist das Fehlen von Ueberbauungen zwischen den Dörfern.

Schön ist auch das Wandern über die dem Hochjura vorgelagerten Hügelzüge. Weit weniger als etwa in der Ostschweiz finden sich auf ihnen Streubauten, wie Landhäuser an exponierten Punkten, oder Ferienhäuser an Waldrändern und dergleichen. Auch die Aussiedlung der Bauern aus den Dörfern in Einzelhöfe ist hier seltener. So ist denn weithin herrliche Freiheit in einer gegliederten Grossräumigkeit, denn Wälder und sanfte Kuppen schaffen überall intime Räume, so dass die Landschaft nie monoton wird.

Wundervoll leuchten im Frühling die Rapsfelder in die Ferne, stehen die blühenden Kirschbäume wie weisse Tupfen auf grünem Kleid an den Hängen über den Dörfern, streicht der Wind in weichen Wellen über die grossen Kornfelder. Eine heile Welt? Hier und für eine Weile dürfen wir sie als solche erleben.

Leidikon. Der unterste Weiler im Sulztal

Leidikou (Sülz) JH
78

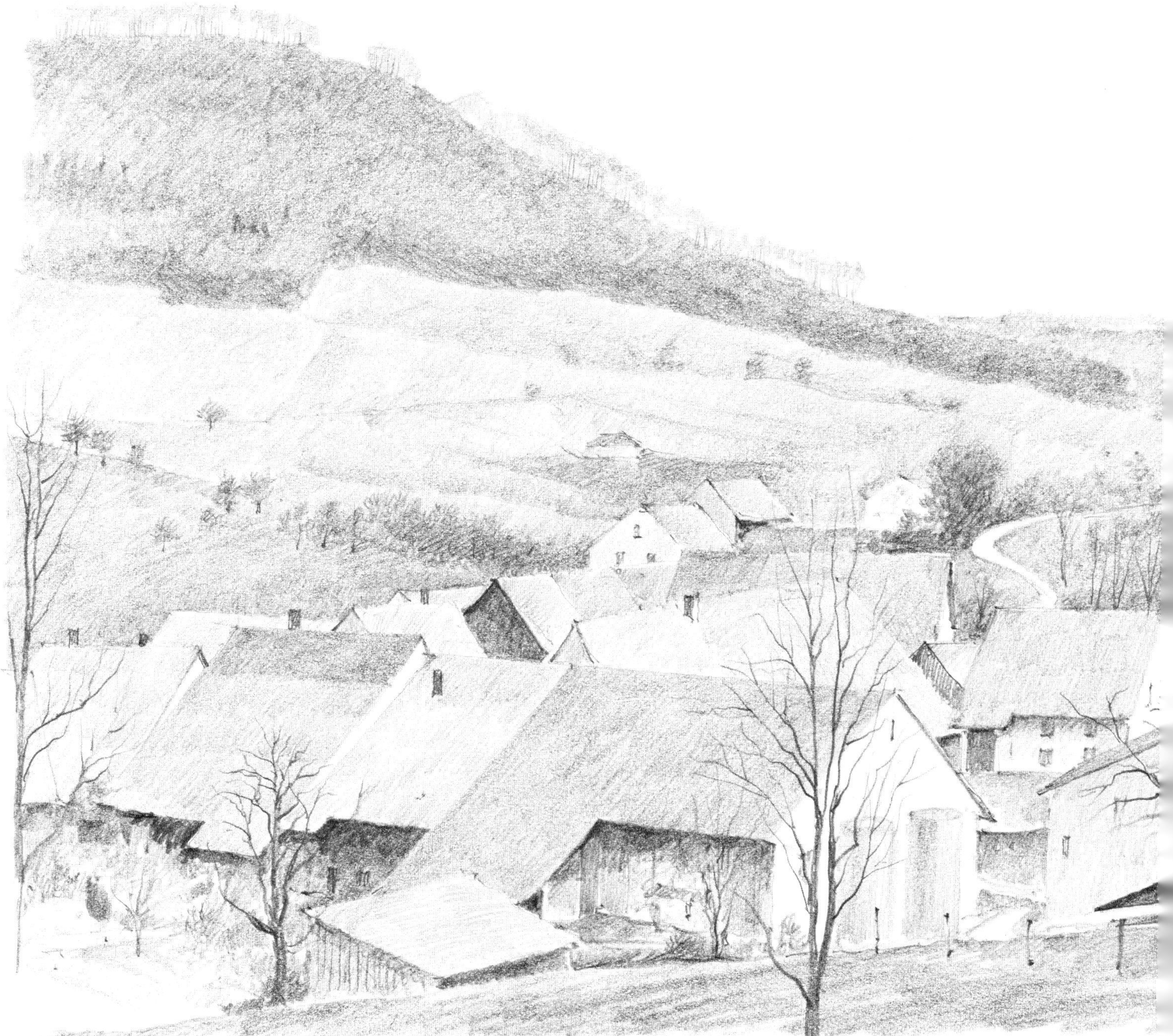

Obersulz. Das in der letzten, obersten Talmulde eingebettete Dorf.

Obersulz 78

Leibstadt. Stauwehr im Rhein für das Kraftwerk
Albbruck - Dogern.

Stauwehr im Rhein
bei Leibstadt

Kleindöttingen 78

Die Präsenz von Industrie ruft unwillkürlich die Auseinandersetzung mit ihren Erscheinungsformen. Für viele Menschen gilt Industrie zum vornherein als hässlich. Soweit sie Assoziationen weckt an Fliessbandarbeit, Zwang und Verdienenmüssen, oder gar wo sie lästige Immissionen verursacht, ist diese Einstellung einigermassen verständlich. Sie ist aber nicht ausreichend für eine Ablehnung aus ästhetischen Gründen. Es gibt etwas Faszinierendes, das wir mit dem Wort „Industrieromantik" umschreiben. Man muss dabei nicht an Wasserrad, Dampfmaschine oder Transmissionen zurückdenken; auch manchen neuzeitlichen Betrieben kann das Prädikat „romantisch" zugeschrieben werden. Wo eine Anlage einigermassen durchschaubar, in ihrer Funktion begreifbar ist, stellt sie sich meistens auch in einer vielfältigen Formensprache vor, wie sich diese in der sonstigen gebauten Umwelt kaum findet.

Hier beginnt dann das Augenvergnügen ob dem variationenreichen, oft skurrilen Formenspiel, den Gegensätzen in Massstäben und Material. Nirgends sonst werden Formen und Elemente so unbekümmert komponiert wie dort, wo allein Zweck und Nutzen wegleitend sind. Holen nicht auch ein Tinguely, ein Bernhard Luginbühl und manche andere Plastiker ihre Ideen aus solchen Arsenalen? Ihr Material ist zwar Schrott und Abfall, aber sie verwandeln das Funktionelle, das Technische und die ihm innewohnende Fragwürdigkeit – manchmal mit leisem Spott, manchmal ernsthaft – in Kunst.

Holzverarbeitungsbetrieb in Kleindöttingen

Leuggern. Die ehemalige Johanniterkommende (heute Bezirksspital) und die Pfarrkirche St. Peter und Paul.

Leuggern 78

Villigen

Anders als das wenig weiter nördlich und ebenfalls im Aaretal gelegene Böttstein ist die Landschaft bei Villigen und ist das Dorf selbst durch Rebbau geprägt. Solche Gegenden, mit ihren steilen, terrassierten Hängen, den Treppen, Mauern und Rebhäuschen, die wie wenig Anderes Ausdruck intensiver Kultivierung sind, wie auch die eng gescharten Siedlungen zu ihren Füssen, üben immer wieder eine eigenartige Anziehungskraft aus. „In Reben ist gut leben", sagt ein Sprichwort, wohl nicht von ungefähr.

Villigen. Partie im Dorfkern

Villigen 78

Villigen. Oberdorf mit dem eigenartigen, gedrungenen Kirchturm und der rebenbestandenen „Hügele" im Hintergrund.

Villigen 78

Endingen. Alte Steinbrücke über die Surb.

Endingen 78

Zurzach 78

Zurzach

Sollte es einer Entschuldigung bedürfen, wenn von einem so reizvollen Flecken wie Zurzach nur gerade eine Nebengasse dargestellt wird? Da gäbe es doch die schönen Hauptgassen, die römischen Ruinen, das moderne Bad, nicht zu reden von der Verenakirche und vielem anderen....
Nun, ich meine, dass auch das, was die Kleinstadt besonders liebenswürdig macht, nämlich die intime Wohnlichkeit und Geborgenheit, die gerade in Nebengassen und Höfen besser zum Ausdruck kommen als in den wohlbestallten Hauptgassen, auch des Zeichnens wert sei.

Kaiserstuhl 78

Kaiserstuhl. Am westlichen Stadtrand. Die einstige Wehrhaftigkeit des geschlossenen Mauerringes ist im Laufe der Zeit aufgelockert worden durch Vorgärtchen und kleine Terrassen.

ORTSVERZEICHNIS IN DER REIHENFOGE DES BUCHINHALTES

IM AARE- UND LIMMATTAL

- Aarau
- Suhr
- Rupperswil
- Königsfelden
- Gebenstorferhorn
- Birmenstorf
- Oberrohrdorf
- Wettingen
- Würenlingen
- Böttstein

VOM WIGGERTAL ZUM SEETAL

- Zofingen
- Kirgoldingen
- Staffelbach
- Kirchrüed
- Schmiedrüed
- Gontenschwil
- Schafisheim
- Lenzburg
- Seon
- Sarmenstorf
- Fahrwangen

IM FREIAMT

- Mellingen
- Eggenwil
- Mülischellen
- Niederwil
- Bremgarten
- Hermetschwil
- Villmergen
- Hilfikon
- Boswil
- Muri
- Jonen
- Merenschwand
- Meienberg / Auw
- Winterschwil
- Brunnwil
- Beinwil

IM JURA

- Augst
- Kaiseraugst
- Olsberg
- Möhlin
- Zuzgen
- Hellikon
- Obermumpf
- Schupfart
- Frick
- Herznach
- Wittnau
- Staffelegg
- Oberflachs
- Ittenthal
- Laufenburg
- Leidikon
- Oberzulg
- Leibstadt
- Kleindöttingen
- Leuggern
- Villigen
- Endingen
- Zurzach
- Kaiserstuhl

Auf der Kartenskizze sind nur diejenigen Orte angegeben, die im Buch mit Zeichnungen vertreten sind.

Die Herausgabe dieser neuen Folge von „Aargauer Skizzen" wurde wiederum angeregt und ermöglicht durch die Ad. Schäfer & Cie AG., Aarau.